KB241346

하루만에
배우는
경영학
마케팅 입문편

김상용(고려대학교 교수) 지음

하루만에 배우는 경영학

마케팅 입문편

Duke 대학교에서 1994년 가을 학기에 마케팅원론 강의를 처음 했다. 원어민이 아닌 나로서는 매우 긴장했었고, 경영학 관련 학부과목 강사 중에서 유일한 아시아인으로서 잘 해야 한다는 중압감이 엄청 컸다. 그로부터 한림대학교, KAIST 그리고 고려대학교에서 차례로 교편을 잡은 나는 지난 23년 동안 거의 매 학기 마케팅원론 강의를 했다. 그럼에도 불구하고 지금도 매 수업시간 전에 강의 준비를 하고 있다. 왜냐하면 마케팅은 항상 새로운 사례가 생기고 있기 때문이다.

1998년에 IMF를 겪으면서, 생소했던 마케팅 용어가 일반인들에게 점차 알려지기 시작했고, 영어단어로 된 마케팅 용어들을 사용하기 시작했다.

21세기에 들어와 스마트폰의 출현과 세계화의 영향으로 마케팅을 포함한 많은 영역에서 패러다임이 바뀌었다.

지금은 순 우리말 용어는 거의 사라지고, 영어단어로 대부분의 수업을 진행하고 있는 것이 현실이다. 이 책에서는 영어 용어를 많이 사용하고 있지만 개인적으로는 한자단어가 의미 전달 면에서는 더 정확하다고 생각해서 가급적 한글(또는 한자)단어도 함께 사용하고 있다.

학생들의 수업 태도에도 변화가 일어났다. 예전에는 열심히 필기를 하고 책을 읽곤 했는데, 마케팅 용어가 점차 영어로 쓰이기 시작할 즈음부터 학생들은 책을 덜 읽고 수업 전에 내가 제공하는 파워포인트 파일을 위주로 수업에 임하기 시작했다. 그래서 나는 10여 년 전부터는 파워포인트 파일을 제공하지 않고 칠판에 써가며 옛 방식으로 강의를 하고 있다. 필기를 하는 쪽이 학습효과를 높이는 데 효과적이라는 판단이었다.

아뿔사! 내가 깨닫지 못한 것은 요즘 학생들은 스마트폰이라는 새로운 패러다임 안에서 성장한 세대라는 점이었다. 문장보다는 이미지에 익숙한 디지털 세대 학생들은 파워포인트 파일이 주어지지 않는다고 해서 필기를 하는 것이 아니었다. 스마트폰을 꺼내서 내가 칠판에 써놓은 내용을 찍는 것이었다.

나는 관점을 달리하기로 했다. 마케팅의 요체 중에 하나가 고객 즉 상대방의 관점에 서 있어야 하는 것인데, 명색이 마케팅 교수라는 사람이 학생들의 눈높이를 외면하고 자기만의 강의 방식을 고집해온 게 아닌가 하는 생각 때문이었다. 그렇다면, 책의 형식을 바꿔보면 어떨까? 기존 서술 방식의 긴 호흡을 학생들이 따라

오지 못한다면 좀 더 간결하게, 요약식으로 핵심만 쏙쏙 심어주는 것이 효율적일 것이다. 바로 이런 생각이 이 책을 쓰게 된 동기다. 어쩔 수 없는 선택인 동시에 필연적인 변화인 셈이다.

한편, 점차 보편화되어 가는 마케팅의 단편적인 지식들을, 대학교 캠퍼스 강의실을 벗어나서 일반 대중에게도 제대로 알려야겠다는 욕심도 내 마음 속에 동시에 키워 왔다. 그러던 중 2012년에 KBS-1 라디오에서 6개월 넘는 기간 동안 매일 방송할 기회가 주어졌다. 〈성공예감〉 중 '3분 라디오 MBA' 코너를 통해서 나는 일반인들에게 경영학 지식을 전달하려 노력했고, 그 결과는 『마케팅 키워드 101』 출간으로 이어졌다. 그 후 3년 만에 후속작 『경영학 키워드 101』을 출간하며, 전문지식의 대중화를 꾀했다.

운이 좋게도, 이런 나의 취지를 지상파 방송에서도 살릴 수 있었다. 2016년 봄, 경영학 전공 교수로서는 흔치 않게, KBS-1TV 〈생방송 아침마당〉에 출연하여 마케팅을 주제로 6회에 걸쳐서 강의를 하게 된 것이다.

따라서 이 책은 내 수업을 듣는 학생들에게는 강의노트가 될 수 있는 동시에 강의실 밖의 일반인들에게는 마케팅과 경영학의 단편적인 지식들을 어렵지 않게 나름 체계적으로 틀을 잡을 수 있는 지침서 역할을 할 수 있을 것으로 기대한다. 다른 원론서들에 비해 분량이 적다 보니 고개를 갸웃거리는 사람이 있을지 모르겠다. 하지만 원래 내가 목표한 바와 같이, 학생들도 그리고 일반 독자들도 부담 없이 읽고 마케팅의 기초를 이해하는 데는 부족함이 없으리라 생각한다.

이 책은 마케팅의 개념을 간단하게 정리하는 첫 장을 시작으로, 둘째 장에서는 고객의 가치를 파악하는 과정, 셋째와 넷째 장에서는 마케팅 믹스변수를 간략하게 다루었다. 그리고 다섯째 장에서 고객관리에 대한 중요성을 강조한다. 그리고 여섯 번째 장에서는 신제품 출시에 관련하여 강조하고 싶은 내용을 다루었다. 마지막 장에서는 일반적인 마케팅원론에서 덜 다루는 주제인 Business-to-Business(B2B) 마케팅의 개념을 널리 알려져 있는 사례들과 함께 소개한다.

또 하나 주목할 만한 이 책의 특징은 각 장의 말미에 칼럼을 넣은 것이다. 이들 칼럼은 내가 2016년 봄에 〈생방송 아침마당〉에서 얘기한 내용을 다시 정리한 것이다. 독자에 따라서는 이 책의 본문보다 칼럼 부분이 더 재미있다고 여기는 사람이 있을지도 모르겠다. 원래 수업보다는 양념처럼 곁들이는 이야기들이 더 흥미로운 법이니 말이다.

　끝으로, 무척이나 더웠던 초여름과 지겹도록 매일같이 내리는 비와 함께한 여름의 끝자락에도 쉼 없이 집필에 매진했음에 스스로 뿌듯함을 느끼면서, 이 책이 경영학을 대중화하는 데 작은 기여할 수 있기를 기원해 본다.

김상용
고려대학교 경영대학 교수
(사)한국마케팅학회 회장

서문   4

LESSON 6 신제품의 마케팅 실패 108
Marketing Failure of New Product

- 신제품 아이디어 관리의 중요성을 인식한다.
- 성공적인 신제품 시장출시를 위한 고려 사항을 이해한다.

LESSON 7 B2B 마케팅 127
B2B Marketing

- B2B 마케팅의 핵심단어를 중심으로 그 중요성을 이해한다.
- B2B 마케팅에서 브랜드 관리가 중요할 수 있음을 이해한다.

부록

Marketing Overview

Learning Objectives

- 마케팅과 영업의 차이를 이해한다.
- 마케팅의 필요성을 이해한다.
- 고객가치의 개념을 이해하고, 이를 중심으로 마케팅의 정의를 내릴 수 있다.

마케팅 = Market + ing

시장(market)에 현재진행형(-ing)이 붙은 마케팅(marketing)은 단어 그대로 보면 '시장을 진행하는 것'이다. 이것은 무슨 뜻인가?

시장은 물건을 사고파는 곳이다. 그러니까, 기업 또는 장사하는 사람 입장에서, 마케팅은 '제품을 잘 팔기 위한 활동'이라고 많은 사람들이 생각한다.

이 말은 완전히 틀린 말은 아니지만, 결코 맞는 말도 아니다!

마케팅은
개념적으로 영업과 다르다

마케팅이 제품을 잘 파는 영업(selling)과 다른 점은 무엇인가?

영업 이전의 기획단계에서부터, 영업활동 그리고 영업 이후의 고객관리까지의 모든 활동이 마케팅이다.

그러니까, 마케팅은 영업을 포함하는 더 큰 개념이다.

영업 단계에 따라 달라지는
마케팅 활동

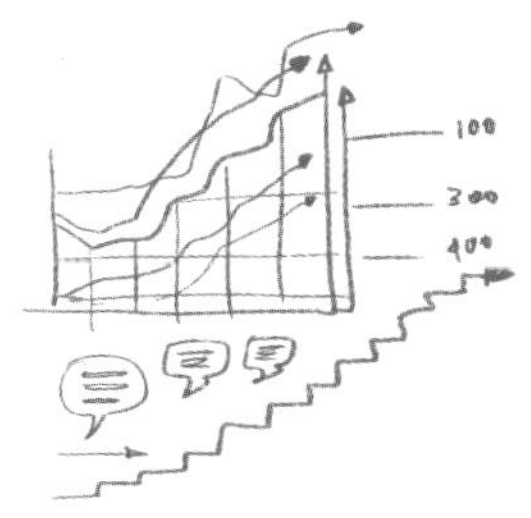

- 영업 이전 단계 : 시장 및 소비자에 대한 조사와 기획
- 영업 단계 : 제품의 광고와 판촉 그리고 유통현장에서의 판매
- 영업 이후 단계 : 고객만족과 지속적 거래를 위한 고객관리

영업이 판매(수익) 극대화를 목표로 하는 것과 대조적으로, 마케팅은 고객만족을 통한 수익 극대화에 목표를 두고 있다.

Why

왜 마케팅이 필요한가?

고객만족은 독점기업에게는 상대적으로 덜 중요하다. 소비자·고객의 선택권이 없기 때문이다.

오늘날 대부분의 시장은 치열한 경쟁 환경에 놓여 있다.
따라서, 경쟁 시장(competitive market)에서 소비자(consumer)로부터 선택(choice)을 받기 위해서는 마케팅이 필요하다!

마케팅에서 중요한 단어 하나 :
고객

고객으로부터 선택받기 위해 마케팅 활동을 하기 때문에, 그리고 고객을 만족시킴으로써 이윤을 창출하기 때문에, 마케팅에서 중요한 단어 하나는 '고객(customer)'이라 할 수 있다.

---

ex "고객이 왕이다"

미국의 Stew Leonard 상점 입구에 써놓은 문구

- Policy of Stew Leonard in USA -

Rule 1. The Customer is Always Right!

Rule 2. If the Customer is Ever Wrong, Reread Rule 1.

마케팅에서 중요한 두 단어 :
고객가치

마케팅은

고객가치(customer value)를 연구하고 관리하는 활동이다.

고객에게 무엇이 가치 있고

고객이 가치 있게 생각하는 것이 무엇인지 알며,

고객의 가치를 지속적으로 유지 및 발전시키는 것이

기업의 마케팅이 하는 일이다.

customer value

고객가치

if (혜택 – 희생) > 0

고객이 느끼는 혜택이 고객이 감수하는 희생보다 클 때 고객은 가치가 있다고 판단한다.

- 기업은 고객에게 뚜렷한 핵심(core) 혜택 또는 부가(add-on) 혜택을 제공해야 한다.
- 기업은 고객에게 희생(가격, 획득비용, 운영비용 등)이 작게 느끼게 해야 한다.

고객가치를 중심으로
마케팅을 정의한다면,

마케팅은……

- 고객이 무엇에 가치를 두는지 파악하고
- 고객에게 그 가치를 제품이나 서비스로 만들어서 제공하고
- 고객을 만족시킴으로써 기업에게 가치 있는 고객으로 남아 있도록
  관리하는 과정이다.

마케팅 단계별 핵심용어 (Key Words)

- 고객가치 파악 : STP

  Segmentation, Targeting, Positioning

- 고객가치 창출과 전달 : 4Ps

  Product, Price, Promotion, Place

- 고객가치 유지 : CRM

  Customer Relationship Management

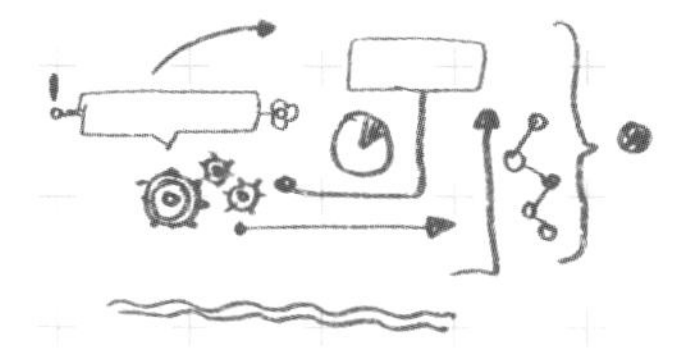

Summary for Marketing Overview

1. 경쟁 시장에서 소비자로부터 선택받기 위해서는 마케팅이 필요하다.

2. 마케팅은 영업 이전의 기획 단계에서부터, 영업활동 그리고 영업 이후의 고객관리까지 모든 활동(또는 과정)이다.

3. 고객에게 가치를 제공하고 고객과 좋은 관계를 지속적으로 유지하는 것이 마케팅이다.

제품가격에 숨겨진 비밀

학교 다닐 때 우리는 가격은 수요와 공급이 만나는 곳에서 결정된다고 배웠습니다. 그렇게 결정된 가격에는 생산자의 생산원가와 이익(마진) 그리고 판매자의 마진이 포함되어 있습니다. 그런데 사실 소비자는 가격과 마진이 어떤 비율로 정해지는지는 알기 어렵습니다. 제품마다 일반적으로 적정 마진이 있는데, 흥미롭게도 그 비율이 제각각 다릅니다.

QUIZ

다음 중 어느 쪽의 마진율이 클까요?

❶ (캡슐형)커피메이커　　❷ 캡슐커피

정답은 ❷ 캡슐커피입니다.

가격은 분명 커피메이커 본체가 캡슐커피보다 비싼데, 마진율로 보면 일종의 부품이라고 할 수 있는 캡슐커피가 훨씬 큽니다. 캡슐커피 하나의 원가가 얼마나 될까요? 몇 원 안 하니까 가격 거의 전부가 이익이 되는 겁니다.

종속제품의 가격비밀

디지털카메라가 출현하기 이전에 폴라로이드(Polaroid)라는 브랜드로 잘 알려진 '즉석카메라'가 유행하던 때가 있었습니다. 대부분 카메라는 비싸다고 생각하고 있었는데, 의외로 이 즉석카메라는 비싸지 않은 가격이어서 제법 인기를 끌었습니다. 그런데 즉석카메라 구입자들이 시간이 지나면서 투덜거리는 것이 하나 있었습니다. 그것은 바로 즉석카메라 안에 들어가는 즉석필름의 가격이 너무 비싸다는 것이었습니다. 그러니까, 즉석카메라를 사용하려면 반드시 즉석필름을 추후에도 지속적으로 구매해야만 하는 상황인데, 이 필름이 생각보다 훨씬 많이 비싼 거죠.

이렇게 일종의 세트로 판매되는 상품으로 세트가 되는 각각의 상품에 주종의 관계가 있는 경우를 종속제품(captive product)이라고 합니다. 이런 종속제품 세트에서 본체가 되는 주된 제품 즉 즉석카메라 값이 비쌀 경우에 소비자들이 구매할 확률이 낮아질 것이기 때문에, 많은 사람들이 구매할 수 있도록 즉석카메라의 값을 소비자들의 예상보다 훨씬 저렴하게 책정하는 것입니다.

그런데 일단 소비자가 즉석카메라를 구입하고 나면 즉석필름의 가격이 비싸더라도 다른 대안이 없기 때문에 반복적으로 구매를 할 수밖에 없다는 점을 이용해서 즉석필름에는 높은 마진율을 매겨서 높은 가격으로 판매하는 것입니다. 그러니까, captive product라는 말 뜻 그대로 고객을 인질로 잡고 있는 제품으로, 일단 고객이 되면 필수적인 종속제품을 비싸도 살 수밖에 없게 만드는 것입니다.

Playstation, Xbox 같은 콘솔게임기의 경우도 마찬가지 원리가 적용됩니다. 게임기 본체는 그다지 비싸지 않다는 느낌이 들어서 아이들을 위해서 구매했는데, 지속적으로 구입해야 하는 게임 소프트웨어 가격은 만만치 않게 비싸게 매겨져 있으니까요.

피트니스센터 등 회원제로 운영되는 곳도 같은 원리가 적용되는 경우가 많습니다. 가입비는 저렴하게 그러나 회원유지에 필수인 연회비는 비싸게 책정하는 것입니다.

사실 꼭 비싸게 느껴지지 않는 제품에도 이런 가격원리가 적용됩니다. 가격부담이 크게 느껴지지 않는 플라스틱으로 만들어진 면도기와 면도날을 생각해 보세요. 여기서 두 제품의 마진율을 살펴보면 면도날이 상당히 큰 마진을 갖고 있음을 알 수 있습니다. 그러니까, 일단 특정 브랜드의 면도기를 선택하면, 그 특정 제품에 해당되는 특정 면도날을 사용해야만 하기 때문입니다.

따라서 본체 제품을 구매할 때 상대적으로 싸게 느껴지는 가격 때문에 판단력을 흐리지 마시고, 본체 제품을 구입함으로써 앞으로 지속적으로 지불해야 하는 비싼 종속제품의 가격도 고려해서 구매를 결정하는 것이 바람직합니다.

레이저프린터가 시장에 처음 출시되었을 때, 사람들은 두 번 놀랐다고 합니다. 우선 프린터 가격이 생각보다 저렴해서 놀라고, 두 번째는 그 프린터에 맞는 정품 잉크 카트리지가 너무 비싸서 놀랐답니다. 그런데 지금은 잉크 카트리지 가격이 예전처럼 비싸지는 않죠. 그 이유는 정품에 대한 대체제로서 재생 잉크 카트리지가 시장에 나오면서 정품에 대한 소비자들의 종속도가 떨어져서 정품의 가격도 자동적으로 내려간 겁니다. 그러니까 종속제품의 대체제가 있을 경우에는 비싼 가격을 크게 걱정할 필요는 없습니다.

　정확히 주종관계는 아니지만, 유사한 관계를 보이는 경우를 우리 주변에서 쉽게 찾을 수 있습니다. 제품구매와 추후 서비스의 형태로 이루어지는 예가 여기에 해당됩니다. 자동차 구매할 때, 의외로 저렴한 외제차를 구입하고 나서, 부품이나 엔진오일을 교환하거나 수리를 해야 할 때 비로서 외제차가 상당히 비싼 값을 지불해야 된다는 것을 뒤늦게 깨닫게 되는 경우가 있습니다. 즉 자동차를 구매할 때는 자동차 자체의 가격뿐 아니라 추후에 들어가는 부품과 각종 유지 보수에 드는 비용도 함께 가격으로 고려하는 것이 현명합니다.

　그 제품이나 서비스를 사용하게 되는 전체 기간의 비용도 함께 고려해야 하는 것이죠.

미끼상품의 가격비밀

　이렇게 가격이 생각보다 싸다고 느껴진다면, 무슨 이유에서일까 한 번쯤 생각해 보는 것이 좋습니다. 가끔은 싸도 너무 싸서 걱정될 때도 있습니다. 예를 들어, 특별한 기념일을 맞아서 특정제품을 20년 전 가격으로 판매한다고 하는 경우도 있습니다. 이럴 때 도대체 왜 밑지고 팔지 하고 의문을 가진 적은 없으신지요?

　걱정하지 마세요. 그렇게 싸게 파는 제품 그 자체만 보면 밑지는 것은 사실이지만, 세상에 밑지고 파는 장사는 없습니다. 팔수록 손해를 보는데 원가 이하로 파는 이유는 미끼상품을 대대적으로 광고해서 많은 고객을 매장으로 끌어들이는 데 목적이 있습니다. 게다가 워낙 가격이 싸서, 매장 전체가 가격이 저렴하다는 인상을 심어주는 효과가 있어서, 미끼상품뿐 아니라 다른 제품의 판매까지도 유도하는 효과가 있습니다.

손님을 끌기 위해서, 터무니 없이 싼 가격에 파는 제품을 일명 '미끼상품' 이라고 합니다. 미끼상품의 영어표기는 무엇일까요?

❶ hook product   ❷ minus profit product

❸ bait product   ❹ loss leader product

정답은 ❹번 입니다. 팔면 팔수록 손해를 보게 하는 데 일등공신인 제품이라는 뜻입니다.

슈퍼마켓의 경우, 일반적으로 미끼상품은 많은 소비자들을 유인할 수 있는 생필품 위주로 선정되는 경향이 있습니다. 미국의 경우, 달걀, 우유 등을 엄청나게 싸게 파는 경우가 있습니다. 기호식품은 그것을 좋아하지 않는 소비자들에게는 전혀 유인책이 될 수 없기 때문에 미끼상품으로는 적합하지 않습니다. 그래서 대부분의 가정에서 날마다 먹는 식품을 미끼상품으로 내놓는 것이죠.

미끼상품은 매장의 제일 안쪽에 진열하는 것이 원칙입니다. 왜냐하면, 미끼상품을 장바구니에 넣고 출입구 근처의 계산대까지 돌아오는 과정에 매장 내 다른 제품들도 함께 구매하게 하기 위해서입니다. 여기서 주목할 것은 미끼상품이나 할인행사에 해당되지 않는 다른 제품들의 가격을 평상시보다 1~2원이라도 높이는 게 또 하나의 원칙이라는 것입니다. 그래야 미끼상품으로 손해 본 부분을 다른 상품의 판매에서 만회할 수 있으니까요. 미끼상품이 워낙 저렴하다 보니 대부분의 소비자들은 다른 상품들의 가격이 조금 올랐다는 것을 눈치채지 못합니다. 그러니까 미끼상품, 할인상품만을 구매하고 나오는 것이 알뜰한 쇼핑입니다.

Identifying Customer Value

Learning Objectives

- STP의 개념을 이해한다.
- 고객 또는 고객가치 파악의 중요성을 이해한다.
- 차별화(Unique Value Proposition)의 중요성을 이해한다.

Value Propositions

미국시장에서 미국기업 GM Chevrolet가 스포츠카 Corvette Convertible(콜베트 컨버터블)을 출시할 때, 주요 공략대상을 어떤 고객층으로 선정했을까요?

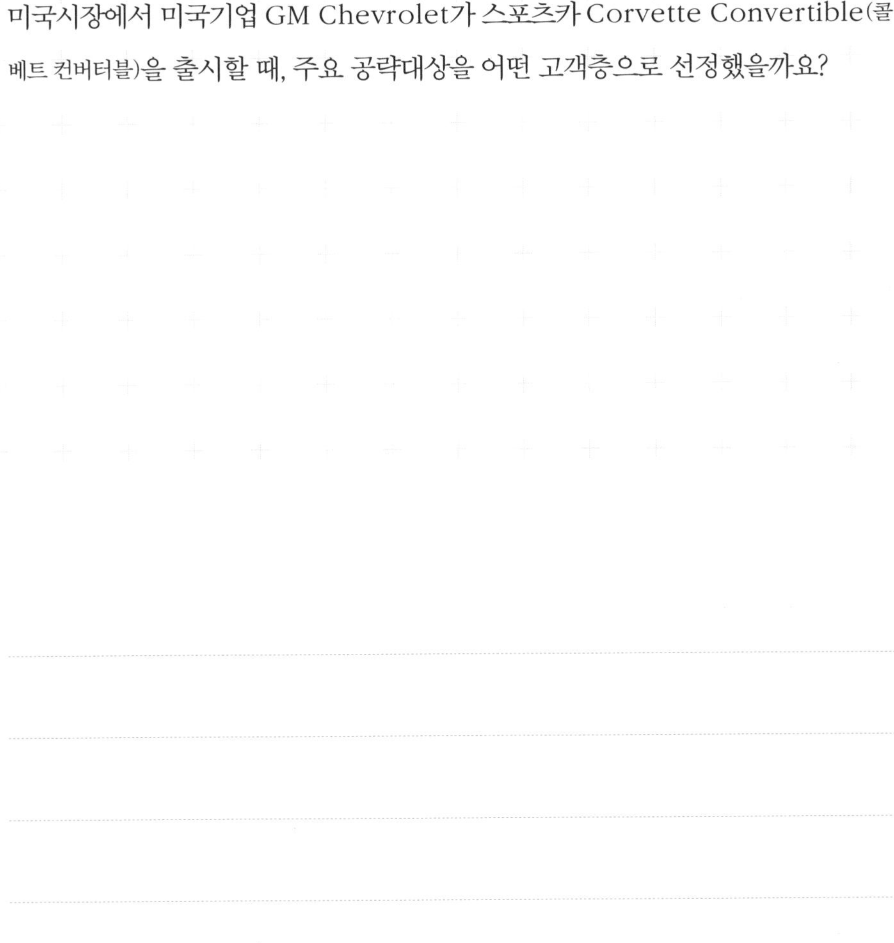

"스포츠카는 누가 탈까?"

이 질문에 초점을 맞추면,

아마도 경제적 여유가 있는 젊은이들이라는 답이 떠오를 겁니다.

그러니까,

젊은층 특히 돈 많은 젊은층을

주요 공략대상으로 선정한다는 것이 일반적인 생각입니다.

실제로 GM Chevrolet는

이들을 공략대상으로 삼아서 시장에 진입했습니다.

그런데!!

결과는 참담했습니다.

예상했던 것보다 너무 안 팔리는 것이었죠.

어째서??

힘세고 멋있는, 게다가 가격도 합리적인 미국산, 스포츠카인데…….

그런데……

판매부진의 가장 큰 원인은 경제적인 여유가 아니라 따로 있었습니다!

세상에는 돈 많은 젊은이들이 그리 많지 않다는 것이지요.

이것이 바로 문제의 본질인 것입니다.

대량으로 생산해서, 많이 팔아서 수익을 올리려는데,

공략대상이 적은 수라면 곤란합니다.

그렇다면 어떻게 해야 할까요?
공략대상을 수정해야지요!

Customer는
어떤 Value를 추구하는가?

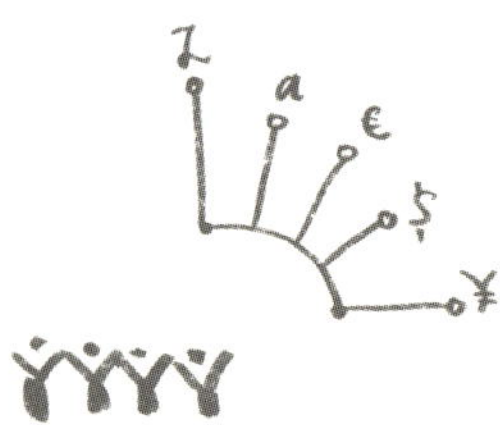

공략대상을 수정하기에 앞서 한 가지 짚고 넘어가겠습니다.
스포츠카 구매자들은 스포츠카로부터 어떤 가치(Value)를 얻
고자 하는 것일까요?
이 질문을 먼저 고민해야, 콜베트 같은 미국산 스포츠카의
공략대상을 재정립할 수 있습니다.

"마케팅은 고객가치의 파악(Identifying Customer Value)에서 출발한다."

고객가치의 파악은 (잠재)고객들로 구성되어 있는 시장을 살펴보고, 어느 집단이 나에게 적합한지 정하는 것에서 비롯됩니다.

그것이 STP의 Segmentation과 Targeting입니다.

사람들은 왜 스포츠카를 갖고 싶어 할까요?

아니, 어떤 스포츠카를 갖고 싶어 할까요?

어떤 스포츠카 브랜드가 선망의 대상이 되는지 알고 있나요?

맞습니다.

페라리, 람보르기니, 포르쉐…….

여러분이 생각하는
이들 브랜드의 공통점은 무엇인가요?

* segmentation 세분화

* Targeting 공략대상 선정

Market Segmentation
시장세분화

서울시에 거주하는 사람을 시장으로 볼 때, 한강을 중심으로 강남과 강북 두 집단으로 구분 짓는 시장세분화를 한다면, 어떤 정보를 마케팅에 활용할 수 있을까요?
혹시 직업, 소득, 주거형태, 가족구성 형태 등에 기반해서 서울시민을 세분화하는 것이 더 좋지 않을까요?
특정 제품 구매에 대한 과거 데이터가 있다면, 시장세분화에 더 도움이 될 텐데 말입니다.

시장세분화란
시장에서 비슷한 특성의 소비자들끼리
집단으로 분류하는 것을 말합니다.

결국, 고객들을 분류해서 마케팅의 효율성을 높이는 것이죠.
즉 선택과 집중을 하려면 고객들을 파악하고 분류하는 일이
선행되어야 합니다.

일단 분류가 이루어지면 각각의 집단 특성에 근거하여 각 집
단이 선호하는 것을 제공하면 됩니다. 이렇게 하면 소비자의
집단 구별 없이 모두에게 똑같은 방식으로 접근하는 것보다
한정된 자원을 효율적으로 사용할 수 있습니다.

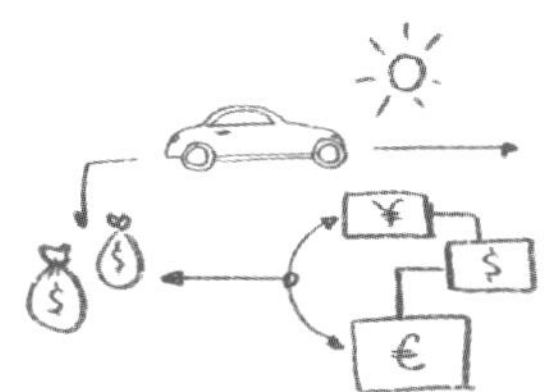

Targeting
공략대상 선정

타깃팅은 시장을 세분화해서 여러 집단으로 구별한 다음에 공략대상을 선별하는 작업입니다. 타깃 시장을 구성하는 사람들 즉, 타깃 고객들은 공통된 특성이 있어야 합니다.

왜냐하면, 마케팅 실행은 타깃 시장 고객들의 공통되는 특색에 근거해야 하기 때문입니다.

예를 들어, 가격에 민감해서 가격할인을 안 해주면 오지 않을 고객들에게는 할인을 해주는 것이 바람직합니다. 그러나 할인 없이도 구매할 고객에게는 할인을 제공하는 것 자체가 손해를 보는 것이므로, 이들에게는 더 자주 오게 하는 데 마케팅의 초점이 맞추는 것이 좋습니다.

세분시장이 A, B, C, D 네 개가 있음을 알게 되었다고 할 때, 세분시장별로 그 구성원들에게는 공통된 특성이 있다고 가정해 보겠습니다.

A는 저가상품을 선호하고,

B는 적당한 가격과 품질을 중요시하고,

C는 품질만을 따지고,

D는 품질과 함께 제품이 주는 사회적 지위와 상징성도 따지는 특성이 있다고 가정해볼까요?

재정적, 인적, 시간적 자원 측면에서 기업은 제약 조건에 놓이게 됩니다. 그러므로 기업은 세분시장 중에서 공략대상을 선택해야 합니다.

예를 들어, 기업의 마케팅 목표가 고급 이미지를 추구하면서 최상급의 품질을 제공하는 것이라면, 네 개의 세분시장 중에서 D를 타깃팅하는 것이 올바른 선택일 것입니다.

만일 기업이 저가제품 시장도 공략하여 시장점유율을 높이는 것도 추구한다면, 세분시장 D와 함께 A를 타깃팅하여 고품질-고가격 제품과 저품질-저가격 제품을 각각 제공할 수도 있습니다.

Positioning

위상정립

세분시장 D의 target customers의 머릿속에 고급 이미지를 심어주려면, 품격 있는 분위기 또는 신뢰 가는 사회 저명인 사를 모델로 하는 광고를 통해서 기업이 원하는 이미지를 전달합니다.

ex 광고를 통한 고급 이미지를 추구하는 포지셔닝

Mercedes-Benz

경쟁사들과 비교할 때, 그 차를 직접 타 보지 않았다고 해도 벤츠 자동차에 대해 우리는 고급 이미지를 갖고 있습니다. 그 이유는 바로 포지셔닝에 의해 우리 머릿속에 그런 이미지가 있기 때문입니다.

포지셔닝은 타깃 고객들에게 제품이나 기업의 차별화된 이미지를 심어주는 것입니다. 기업은 주로 광고를 통해서 자신들이 원하는 이미지를 고객에게 전달합니다.

포지셔닝의 방법은 매우 다양하죠. 중요한 것은 경쟁자들과 차별되어 자신만의 이미지를 만드는 것입니다.

세계적으로 가장 많이 쓰이는 포지셔닝 전략은 재미있는 광고를 만드는 것입니다. 그럼으로써 밝고 즐거운 이미지를 자사 또는 제품에 형성하게 됩니다. 경쾌한 음악이나 색상 등도 포지셔닝의 한 방법입니다.

"Positioning은 고객에게 다양한 방법으로, 그러나 일관되게,
자신만의 차별화된 가치를 제안(Value Proposition)하는 것이다."

차별화된 가치 제안은 곧 자신만의 독특한 판매 강조점(Unique Selling Point)이 되
는 경우가 많습니다.

"Driving Pleasure"

BMW는 자동차 자체 성능보다는 운전하는 재미를 강조하는 포지셔닝 전략을 추구하고 있습니다.

미국 고속도로에서 Corvette Convertible을 누가 타고 다니는지 확인해 보면 주요 공략대상을 어떤 고객층으로 바꾸었는지 알 수 있습니다.

스포츠카 Corvette Convertible이 다시 선정한 주요 공략대상은 일단 경제적 여유가 있는 사람들입니다. 경제적 여유가 있는 사람들은 젊은층이 아니라 아이들 다 키우고 어느 정도 성공을 거두고 은퇴를 앞두거나 은퇴 후 제2의 삶을 즐기는 50대 이상입니다.

그들은 최고급 유럽 브랜드에 집착하지 않을 사람들로 시장세분화와 타깃팅을 다시 했습니다. 그리고 더 중요한 것은 이들에게 제안한 고객가치가 이들의 마음을 움직였다는 것입니다.

그것은 바로 젊은 시절의 꿈을 실현하라는 것이었죠.

스포츠카 자체를 강조하지 않고 바로 '꿈'의 실현으로 포지셔닝함으로써 구매력 있는 50대 이상으로부터 매출을 늘릴 수 있게 된 것입니다.

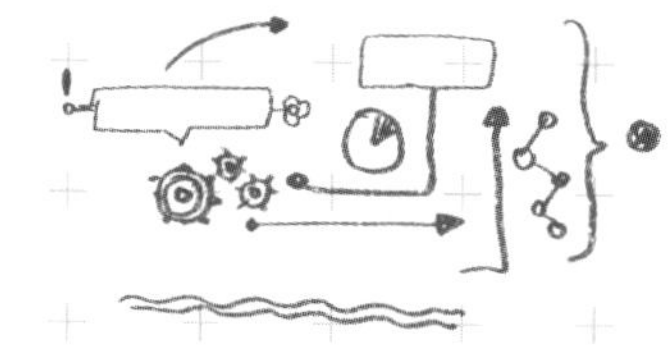

Summary for Identifying Customer Value

1. STP (Segmentation, Targeting, Positioning)

2. 선택과 집중 : 시장의 모든 사람이 나의 고객은 아니다.

3. 나의 고객이 누구인지 그리고 그들의 특성(공통점)을 파악한다.

4. 그리고 그들에게 나만의 차별화된 독특한 이미지를 심어준다.

자신만의 브랜드를 갖자!

에스컬레이터, 초코파이, 대일밴드…… 이들의 공통점은 무엇일까요?

도대체 공통점이 없어 보입니다. 에스컬레이터를 타고 가면서 초코파이를 꺼내 먹으려다 그만 넘어져서 다친 곳에 대일밴드를 붙이게 되면 모를까…….

이들의 공통점은 '한때 잘 나가던 브랜드'라는 점입니다. 에스컬레이터나 초코파이가 무슨 브랜드명이냐고 물으시겠죠? 원래 이들은 브랜드였습니다. 그런데 너무나도 잘 나가서 그만 브랜드가 그 제품군, 즉 그 제품의 카테고리를 대표하게 되다가, 그 제품군을 뜻하는 보통명사가 되어버린 경우입니다.

보통명사가 되지는 않았지만 거의 그 수준에 이른 것이 대일밴드입니다. 일회용 반창고 대신에 우리는 대일밴드라고 말하는데, 실제로 대일밴드를 구매하는 사람은 그리 많지 않을 겁니다. 비슷하게 아스피린, 모노륨, 보톡스, 크리넥스, 에프킬라 등의 브랜드도 거의 대일밴드처럼 사용되고 있습니다.

여기서 중요한 것은 브랜드가 너무 잘 알려져서 보통명사가 되면, 기업이 오랜 시간 정성 들여 일궈낸 브랜드 파워가 사라지면서 그 브랜드의 배타적 사용에 대한 상표등록과 같은 법적인 보호를 더 이상 받지 못하고, 경쟁 기업이 자유롭게 사용할 수 있게 된다는 것입니다. 그런 예가 바로 초코파이입니다.

더 이상 브랜드명이 아니라 제품 종류를 일컫는 보통명사라는 법원의 판결로 오리온은 더 이상 초코파이를 브랜드로 사용할 수 없게 되었고, 경쟁사들은 초코파이를 더 적극적으로 판매하기 시작했습니다. 이렇게 시장 상황이 바뀌자, 기업들 각자는 자사 초코파이에 브랜드를 새롭게 만들었습니다. 오리온은 '정(情)'이라는 새로운 브랜드를 만들었고, 대대적인 광고와 함께 제품의 새로운 이름을 알리려고 많은 시간과 돈을 투입했습니다.

브랜드가 갖춰야 할 기본 요건

많은 시간과 돈을 들여서 관리하는 브랜드를 만들 때는 어떤 점들을 고려하게 될까요? 우선 좋은 이름으로 제품을 부르려고 할 것입니다. 마치 우리가 새로 태어난 아기에게 좋은 이름을 지어주고 싶어 하듯이 말이죠. 아기의 경우는 어떤 성격인지 커서 어떤 일을 하게 될지를 모르는 상태에서 정하지만, 제품의 경우는 그 특성과 기능 등을 잘 알고 있기 때문에 이에 걸맞은 이름 즉, 제품의 특성을 잘 반영하는 브랜드명이 좋은 이름의 첫 번째 요건일 될 것입니다. 그 밖의 조건들로는 발음하기 쉽고 기억하기 쉬워야 합니다. 그러면서도 경쟁사 브랜드와 차별되어야 합니다. 게다가 법적 보호를 받을 수 있게 상표등록을 할 수 있어야 하고요.

세계적인 인터넷 검색엔진 Google은 발음도 쉽고 기억하기도 쉬우니까 좋은 이름의 조건을 어느 정도는 충족합니다. 그렇다면 제품의 특성을 잘 반영한 이름일까요? 영어 단어 Googol에서 구글이 유래되었다고 하는데요, Googol은 10의 100승을 뜻하는 어마어마하게 큰 숫자입니다. 그러니까 이 단어의 철자를 살짝 바꿔서 탄생한 이름이 구글이죠. 천문학적인 숫자만큼이나 엄청나게 많은 정보를 찾을 수 있다는 의미를 담고 있는 좋은 이름인 것입니다.

　　구글의 경쟁사인 Yahoo!도 발음하기 쉽고 기억하기 좋으며, 신이 나서 외치는 환호의 소리처럼 친숙한 이름으로, 비록 제품의 특성을 구글만큼 잘 내포하지는 못하지만, 비교적 좋은 이름이라고 할 수 있습니다. 개인적으로는 국내 브랜드 중에서, 순수한 우리말을 사용하면서도 발음이 부드럽고 해당기업의 제품이 추구하는 아름다움이라는 가치를 잘 표현하고 있는 '아리따움'이라는 매장의 브랜드가 잘 지어졌다고 꼽고 싶습니다.

브랜드 파워와 합리적 선택

　　그렇다면 왜 기업은 지속적으로 브랜드를 키우고 그 가치를 높이고자 많은 시간과 돈 그리고 인력을 투입하여 관리를 하는 것일까요?

　　브랜드가 잘 알려지면 많은 사람들이 구매를 할 때 그 브랜드를 떠올리게 되니까 결과적으로 판매될 확률이 높아지는 효과가 있기 때문입니다. 또 다른 이점으로는 충성고객층이 형성되면서 경쟁 제품보다 가격이 약간 높더라도 꾸준히 판매된다는 장점이 있습니다. 즉 조금 더 큰 마진을 가질 수 있다는 것이 기업에게는 매우 중요한 경쟁우위가 되는 것입니다.

　　물론 소비자 관점에서도 브랜드가 주는 이점이 있습니다. 소비자에게는 너무 많은 선택 대안들이 있습니다. 상점에서 무엇을 고를까 망설이는 것을 간단하게 해결해 주는 것이 브랜드입니다. 믿고 안심하고 선택할 수 있으니까요. 그러니까,

브랜드를 관리해서 그 가치를 높이는 기업의 활동이 소비자에게도 선택 결정을 쉽게 그리고 위험 감수를 적게 만들어 준다는 좋은 점이 있는 것입니다.

예를 들어, 소비자로서 다음과 같은 선택의 기로에 있다고 가정해 보죠. 조금은 비싼 듯하지만 잘 알려진 또는 내가 잘 알고 있는 브랜드와 잘 모르는 브랜드 또는 무상표 제품 사이에서의 선택을 가정해 봅시다. 현명한 소비자라면 무엇을 선택하는 것이 좋을까요?

예산이 제한되어 있어서 비싼 제품을 살 수 없다면, 당연히 조금은 저렴한 무상표나 잘 알려져 있지 않는 브랜드의 제품을 살 수밖에 없는 것은 당연합니다. 그러나 만일 예산의 제약이 없이 둘 다 구입할 수 있는 가격이라면, 소비자로서 나는 기꺼이 조금 더 비싼 가격을 지불하고라도 내가 잘 아는 또는 남들이 잘 알고 있는 브랜드를 살 의향이 있는가를 확인해야 합니다.

즉 두 선택안의 가격 차이만큼 그 브랜드의 가치가 나에게 있느냐를 생각하는 것입니다. 누군가에게는 비싸도 유명 브랜드를 사는 것이 가치 있는 쇼핑이 되지만, 또 다른 누군가에게는 지나친 사치로 느껴질 수 있기 때문입니다. 결국 누가 현명한가의 문제가 아니라 누가 브랜드에 더 가치가 있다고 판단하는가의 문제입니다. 그만큼 소비자 각자가 느끼는 가치가 다르니까 시장에 다양한 가격대의 제품이 나와 있는 것이라고 할 수 있습니다.

바로 이런 방식으로 흔히 브랜드 파워라고 알려져 있는 브랜드의 가치를 숫자로 구체적으로 나타낼 수 있습니다. 간단하게는 제품의 라벨을 없애고 즉 무상표인 상태에서 얼마면 기꺼이 구매를 할지 물어서 얻은 가격과 브랜드 라벨을 붙이고서 똑같은 방식으로 기꺼이 지불할 의사의 액수를 비교하여 나온 그 차액만큼이 소비자 개인이 느끼는 브랜드 값이라고 생각하면 됩니다.

만일 이렇게 계산하여 얻은 소비자 개인이 느낀 브랜드의 가치가 두 선택 대안이 되는 무상표와 브랜드 제품의 가격 차이보다 크다면 소비자는 브랜드 제품을 구매하면 됩니다. 반대로, 두 선택 대안의 가격 차이가 소비자 개인이 느낀 브랜드 값보다 크다면 그때는 무상표 또는 덜 알려진 브랜드의 제품을 사는 편이 그 소비자에게는 합리적인 구매 선택이 되는 것입니다.

개인의 브랜드 가치는 어떻게 만들어지는가

이 즈음에서 한 가지 더 강조하고 싶은 것은, 브랜드는 단순히 브랜드명을 말하는 것이 아니라 경쟁자들과 확연하게 구별되게 해주는 이름, 상징, 이미지, 사인, 로고, 디자인 그리고 이들의 조합이라는 점입니다. 탄산음료 병이나 캔이 초록과 하얀색으로 되어 있으면 칠성사이다를 떠올리고, 빨강과 하얀색이면 코카콜라를 떠올리게 되는 것이 모두 브랜드의 효과입니다.

그렇다면 브랜드의 가치에 관한 원리는 우리 개개인에게는 어떻게 활용될 수 있을까요? 내가 남과 뚜렷하게 대비되는 독특함을 찾아서 내 자신의 브랜드로 관리함으로써, 잘 표현된 나의 개성이 상사나 동료들로부터 칭찬받게 하고 나의 정체성을 사람들에게 긍정적으로 각인시킬 수 있도록 하면 됩니다.

Apple의 창업자 스티브 잡스(Steve Jobs)를 생각해 보면, 스티브 잡스라는 이름이 우리에게 주는 의미가 뚜렷합니다. 진취적이고 창의적인 사업가! 그런데 동시에 '청바지'가 떠오릅니다. 그것은 그의 이름과 함께 청바지가 그의 이미지로서 스티브 잡스의 브랜드를 형성해 주었기 때문입니다. Facebook의 설립자 마크 저커버그(Mark Zuckerburg)도 비슷하게 항상 티셔츠에 청바지 차림인데, 그것도 항상 똑같은 색깔의 티셔츠를 입습니다. 어느 날 그의 옷장이 공개되었는데, 그 안에는 똑같은 색의 셔츠와 청바지가 30개씩 있었습니다. 그러면서 그가 한 말이, 자신은 어떤 옷을 입을까 고민하는 데 시간을 쓸 여력이 없다고……. 이 정도면 자신의 진지함과 일에 대한 열정을 표현하면서 자신의 브랜드를 각인시키는 고단수라고 할 수 있겠죠!

항상 똑같은 옷을 입으라는 것은 아닙니다. 자신만의 색깔, 이미지 등을 표현하는 자기 자신에 대한 브랜드 전략이 오늘날의 경쟁 사회를 헤쳐나가는 데 필요한 요소라고 생각됩니다. 그런데 너무 지나치게 개성을 표현하다 보면 이 또한 나 자신을 어떤 특정한 카테고리의 대표로 규정지을 수도 있는 위험이 존재합니다. 초코파이처럼 말이죠.

그러니까, 우리 각자는, 지나치지도 않지만 모자라지도 않게, 자신의 적절한 브랜드를 만들고 관리하는 것이 현명하지 않을까요? 이름석자를 대면, 물론 긍정적인 방향으로, 어떠한 인물이라고 바로 사람들의 머리에 떠오를 수 있게 말입니다.

Creating Customer Value

Learning Objectives

- Product Management 개념을 이해한다.
- Brand의 중요성을 이해한다.
- 고객가치 기반의 Pricing을 이해한다.

마케팅 Mix(실행) 변수 : 4Ps

앞서 살펴본 S.T.P.를 통한 고객가치 파악의 단계가 완성되면,

그 다음 단계인 고객가치 창출과 전달의 단계로 진행됩니다.

이때, 4Ps라는 실행변수를 조합해서 마케팅을 실행합니다.

전통적인 4Ps 대신에 요즘은 4Cs로 표기하기도 한다.

기업보다는 고객의 입장에서 표현하기 위한 작업이다.

• 고객가치 창출

product ⋯▸ customer solution

price ⋯▸ customer cost

• 고객가치 진달

promotions ⋯▸ communication

place ⋯▸ convenience

① Product
Customer Solution
제품

유형의 제품이나 무형의 제품 즉 서비스를 의미하는 Product는 제품의 다양화 (Variety), 품질(Quality), 디자인, 특성(Features), 브랜드, 포장, 판매 후 서비스(After sales Service)를 주로 관리하는 변수입니다.

앞서 Positioning을 통해서 특히 제품의 이미지를 타깃 고객에게 심을 때, 어떤 수준에서 제품을 강조할 것인지를 결정해야 합니다.

전자제품을 생각해 보겠습니다. 어떤 제품은 성능, 품질, 디자인 등을 강조하는 데 반하여, 경쟁 제품은 A/S를 강조하는 경우도 있습니다. 또 다른 경쟁제품은 제품이 제공하는 고유의 혜택(benefit) 즉 생활이 한층 편리해진다는 점을 강조하기도 합니다. 즉 동일한 제품(군)에서도 강조점이 달라질 수 있습니다.

하나의 Product는 3개 차원을 갖습니다.

어떤 차원에서 제품을 강조할 것이냐는 포지셔닝 전략에 중요한 영향을 줍니다.

- Core Product (핵심제품)

- Actual Product (실제제품)

- Augmented Product (확장제품)

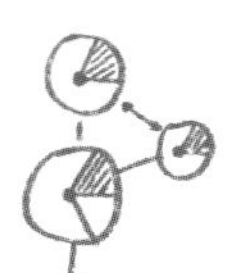

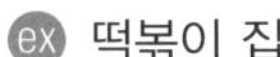 떡볶이 집

핵심제품 – 엄마가 직접 만든 것 같은 사랑과 정성

실제제품 – 인근에서 가장 맛있고 쫄깃한 떡볶이

확장제품 – 친절하고 깨끗한 매장

브랜드 관리

브랜드나 제품명은 기업이 많은 시간과 비용을 투자해서 생산해낸 자산입니다. 그러므로 브랜드 인지도를 높여 브랜드의 가치를 올리려고 노력해야 합니다. 이때, 그 이름이 보호를 받을 수 있도록 관리를 해야 합니다.
브랜드가 잘 알려지면 많은 사람들이 구매를 할 때 그 브랜드를 떠올리게 되니까 결과적으로 판매될 확률이 높아지는 효과가 있습니다. 또한 충성고객층이 형성되면서 경쟁 제품보다 가격이 약간 높더라도 꾸준히 판매된다는 이점이 있습니다.

과거 우리나라에서는 Product Manager 또는 Marketing Manager가 'Product' 실행변수에 관한 업무를 도맡아 왔습니다. 그런데 IMF를 겪으면서 Brand의 중요성을 깨닫게 되고, Brand Manager를 별도로 두어 Brand 관리를 하는 곳이 많아졌죠. 왜냐하면 Brand 자체가 큰 재산 가치가 있다는 것을 절감했기 때문입니다.
제품의 성능이나 품질 못지않게 그 제품의 상품명이나 로고 그리고 이미지, 상징, 품격, 색깔, 디자인 등에서 Brand가 갖는 의미는 매우 커진 것이죠. 즉, 고객은 제품보다는 Brand를 구매한다고 해도 과언이 아닙니다.

Summary for Product

- 마케팅 실행변수 4Ps 중에서 고객이 원하는 가치를 제품·서비스로 만들어내는 것이 Product다.

- Product는 실제 제품 그 자체뿐 아니라, 제품의 핵심 또는 확장된 개념으로 고객에게 Positioning할 수 있다.

- 브랜드는 제품의 이름, 이미지, 품격, 상징 등의 총합으로서, 기업이 관리해야 하는 중요한 자산이다.

- 브랜드의 이점은 선택받을 확률을 높여주고, 충성고객층을 좀 더 용이하게 확보케 하고, 좀 더 나은 수익을 갖게 한다.

Price
Customer Cost
가격

마케팅 믹스(실행) 변수 중 하나인 가격은 가격표의 정상가격, 할인 폭, 보조금, 할부기간, 외상 조건 등을 관리 대상으로 하고 있습니다.

비록 생산 또는 회계 부서의 원가계산에 근거하여 가격을 결정하는 것이 관례이지만, 가격결정에 원가만을 고려해서는 안 됩니다. 경쟁자와 고객을 함께 고려하여 결정하는 것이 중요합니다.

가격은 수요와 공급이 일치하는 지점에서 결정된다고 중고등학교에서 배웠지만, 실제로 현업에서는 두 가지 방법이 많이 활용됩니다.

1) 원가에 마진을 더해서
2) 경쟁자들의 가격에 맞춰서

그런데 이 두 방법은 공급자 측면에서 결정하는 가격으로 마케팅에서 강조하는 고객중심의 결정이 아닙니다.
바람직한 방법은 수요자 즉 고객도 함께 고려해야 합니다. 적정마진을 고려한 상태에서 소비자가 기꺼이 지불하고자 하는 정도 즉, 고객이 느끼는 가치(value)에 근거하여 정해야 합니다.

고객이 느끼는 가치(value)에 근거한 가격결정

가격결정에서 고객이 느끼는 가치는 흔히 기꺼이 지불하고자 하는 정도 (willingness to pay)와 관련이 깊습니다. 따라서 가격결정의 출발점은 얼마 정도의 가격이면 소비자들이 구매를 할 것인지를 조사하는 것입니다.

이렇게 산정된 가격에서 역으로 예상되는 마진, 생산비용 등을 차감하면 제품의 예상 생산원가를 계산할 수 있습니다. 이 숫자에 맞추어서 제품이 실제로 생산 가능한지를 생산부서와 협의하는 것이 고객이 느끼는 가치에 근거하여 제품가격을 결정하는 것이며, 진정한 고객 중심의 제품개발과 가격결정을 하는 고객가치 창출의 마케팅이라고 할 수 있습니다.

가격탄력성 :
가격결정의 중요한 고려요인

가격결정에서 고객이 느끼는 가치 즉, 기꺼이 지불하고자 하는 정도(willingness to pay)와 함께 고객의 가격탄력성은 중요한 고려요인입니다.

가격에 탄력적이라 함은 작은 가격변화에도 민감하게 구매가 영향을 받는 경우입니다. 따라서 조금만 가격을 할인하면 구매를 하고, 조금만 가격이 오르면 구매를 하지 않게 됩니다. 이런 경우는 마진을 조금 줄여서라도 더 많이 파는 것이 수익성에 도움이 되겠죠. 반대로, 구매여부가 가격변화에 덜 영향을 받는 비탄력적인 고객에게는 가격을 조금 올려서 파는 것이 수익성에 도움이 됩니다.

가격 흥정을 한다는 것은 가격탄력성이 높다는 것을 의미합니다.

반면에, 특정 제품을 반드시 사야 하는 고객은 가격탄력성이 낮습니다. 즉 가격 비탄력적인 고객인 것이죠.

혼자 쇼핑하면서 이것저것 고루 제품을 비교하는 고객은 일반적으로 가격탄력적인 상황입니다. 따라서 소폭의 가격할인을 제시하면 바로 구매로 이어질 확률이 높습니다.

반면에 어린아이나 애인이 사달라고 조르는 상황에 처한 고객은 가격 비탄력적이라고 할 수 있습니다. 그러니 이 고객은 가격을 할인해 주지 않아도 어차피 구매할 가능성이 높은 것이죠. 오히려 가격을 조금 높게 불러도 구매를 할지도 모릅니다.

가격탄력성에 따라서 그때그때 가격을 조정하는 것도 중요한 마케팅의 가격결정 관리 항목입니다.

Summary for Price

1. 고객이 기꺼이 지불(willingness to pay)하고자 하는 가격 파악이 선행 되어야 한다.

2. Customer Value based Pricing: 고객이 평가하는 가치에 근거하여 가격을 결정한다.

3. 가격은 고객이 가격 탄력적이면 가격을 낮추고, 가격 비탄력적이면 가격을 올리는 방향으로 조정한다.

묶음제품과 소비자 심리

며칠 전에 대형마트에 장보러 갔다가, 2층에서 세탁세제를 장바구니에 담고 나서 고무장갑을 찾다가 점원에게 물어보니, 고무장갑은 3층의 주방용품 있는 곳으로 가라고 안내를 받았습니다. 저는 왜 3층 주방용품 코너에만 고무장갑을 두었지? 라고 반문했습니다. 요즘은 빨래를 세탁기가 해서 고무장갑을 안 끼는가 보다 생각하면서, 3층으로 올라가는 것을 포기하고 그냥 장보는 것을 마쳤습니다. 그 대형마트는 고무장갑 하나 팔 수 있는 기회를 날린 셈이죠.

세트 구매를 유도한 상품 진열

고객이 원하는 구매 패턴이 있다면 그것에 맞추어서 진열하는 것도 서비스의 하나라고 생각됩니다. 물론 그런 서비스가 상점의 매출을 올려주는 효과도 있으니까 적극적으로 고객의 소리와 행동에 주목하고 거기에 맞추려는 노력이 필요한 것이겠죠.

기저귀 판매대 바로 옆에 맥주를 진열한 일화가 미국의 한 대형 슈퍼마켓에서 있었습니다. 세탁세제와 고무장갑 같은 세트도 아니고, 상식적으로 납득이 가지 않는 두 제품을 함께 나란히 진열한 독특한 사례죠. 그런데 이 둘을 함께 진열한 데는 비밀이 있습니다.

이 슈퍼마켓에서 판매 데이터를 분석해 보니, 이상하게도 맥주와 기저귀가 함께 팔리는 경향을 발견하게 된 것이죠. 그래서 고객들의 행동을 관찰해 보니까, 많은 젊은 아빠들이 기저귀만 집어 들고 나가기가 멋쩍은지 천천히 걸어 나오다가 맥주 한 팩을 집어 들고 계산대를 향한다는 것을 알게 되었습니다. 결국, 맥주 진열장 이외에 기저귀 매대 바로 옆에도 맥주를 진열했더니 많은 아빠 고객들이 두 가지를 함께 사게 되어 매장매출을 증대시켰다는 일화입니다. 즉, 소비자의 행동을 분석해서 소비자가 스스로 인지하지 못하는 사이에 세트 구매를 하게 만든 것이죠.

세트 상품의 판매효과와 장단점

상점에서 이렇게 진열을 세트로 하는가 하면, 제조회사들이 제품을 세트로 만들어서 판매하기도 합니다. 우리가 자주 접하는 사례는 햄버거 가게 혹은 음식점에 있는 세트메뉴입니다. 낱개로 각각 사먹을 수 있는 상품을 세트로 묶어서 판매를 합니다.

뭘 먹을지 음식을 고르는 수고를 덜어주고, 각각 낱개로 살 때보다 세트가 가격이 조금 저렴해서, 웬만하면 세트로 구매하도록 유도하는 것이죠. 만약에 가격이 저렴하지 않다면, 손님들은 각각 낱개로 사게 되고, 그러면 어떤 제품은 덜 팔리고 또 어떤 제품은 재고가 모자라는 등 서비스 운영 측면에서 효율성이 떨어지기 때문입니다.

여행사에서 판매하는, 관광 상품과 항공권 그리고 숙박권 및 렌터카 등을 함께 묶은 패키지 상품도 묶음상품(bundle product)의 전형적인 예입니다. 기업은 높은 마진의 고수익 상품을 낮은 마진의 저수익 상품과 결합해서 세트로 제공함으로써 이익을 추구합니다. 특히 이런 경우 소비자는 제품 하나하나의 가격을 따지기보다는 함께 세트로 얻는 편리함에 더 가치를 두는 경향이 있습니다.

마트로 상황을 돌려보면, 샴푸, 린스, 트리트먼트를 각각 살 수도 있는데, 이것들을 하나로 포장해서 세트로 판매하기도 합니다. 이 세 가지 제품을 다 쓰고 없어지는 주기가 딱 맞아 떨어지는 게 아니라서, 각각의 매출이 들쑥날쑥하는 경향이 있는데, 세트로 묶어 팔면 판매량 차이를 어느 정도 완화시키는 작용을 하기 때문입니다. 그리고 소비자는 낱개로 살 때보다는 100~200원 정도 싸게 하여 세트로 사면 절약을 할 수 있습니다.

어떤 경우는 묶음상품을 구성할 때, 잘 안 팔리는 즉 소비자가 잘 찾지 않는 제품을 함께 세트로 묶어서 팔기도 합니다. 이런 경우를 무엇이라고 할까요?

정답은 '끼워 팔기'입니다.

소위 '끼워 팔기'는 안 팔리는 제품의 재고를 줄이기 위해서 하는 경우가 많습니다. 끼워 팔기는 기업이 소비자가 원하지 않는 제품을 억지로 판매한다는 폐단에 대한 비난을 피하기 힘듭니다. 그러므로 세트상품이 과연 소비자들을 위한 것인지를 꼼꼼히 따져볼 필요가 있습니다.

또 하나 소비자가 자세히 따져볼 필요가 있는 것이 세트제품의 가격입니다. 보기 좋게 세트로 포장되어 있다고 해서 가격이 꼭 저렴한 것은 아닙니다. 상황에 따라서는 낱개로 살 때보다 가격이 더 비싼 경우도 있습니다. 병원에 문병 갔을 때, 병원 내 상점에서 구입하는 과일바구니가 그런 예입니다. 그런데 어떤 때는 바가지요금이라 할 정도로 세트상품이 꽤 비쌀 때도 있습니다. 연인들이 선물을 주고받는 크리스마스, 밸런타인데이 같은 특별한 날의 세트 포장은 화려한 선물포장 비용을 포함하기 때문에 낱개보다 훨씬 비싸죠.

소비자의 심리가 가격에 반영되는 경우

소비자들은 구매의 판단기준으로 가격을 이용하는 심리가 있습니다. 그래서 판매자들은 준거가격(reference price)이란 것을 활용합니다. 준거가격이란 구매자들이 특정 제품에 대하여 마음으로 정해 둔 가격으로서 그 제품을 구매할 때 참고기준으로 사용하는 가격입니다.

예를 들어, '백화점에서는 얼마인데'라고 준거가격을 일부러 제시하고, 우리 상점에서는 그보다는 저렴한 가격을 제시하는 경우입니다. 그렇게 함으로써 소비자들로 하여금 준거가격과의 큰 가격 차이가 구매하기에 좋은 조건이라고 생각하게 하는 기법을 은연중에 활용하는 것입니다.

또 다른 예는 가격의 끝자리를 익숙하지 않는 숫자로 설정하여 제품가격이 비싸지 않다는 인상을 주어 소비자들의 구매를 자극함으로써 제품의 판매량을 증가시키려는 전략입니다. 20만 원보다 1만 원 싼 19만 원으로 가격을 설정하고는 10만 원대로 생각하게 하여, 20만 원대보다는 구매하기에 심리적으로 편안하게 만드는 것입니다.

한 가지 더! 소비자에게는 '싼 게 비지떡'이라는 고정관념이 있어서 비싼 것이 좋은 품질이라는 막연한 믿음이 있습니다. 제품이 소비자 개인의 사회적 지위나 명예 등의 상징적인 의미를 내포하고 있는 경우에 주로 이런 심리를 이용합니다. 고급 의류, 고급 만년필, 향수 등은 가격이 소비자가 예상하는 범위 아래로 낮아지면 오히려 구매를 하지 않는 경향이 있어서 철저하게 소비자 심리에 근거해서 비싼 가격을 유지하려고 합니다.

제품 가격에 대한 현명한 소비자의 태도

세트메뉴나 묶음제품이 더 저렴할 것이라는 소비자의 심리를 역이용하여 이들을 더 비싸게 가격을 매기는 경우도 종종 있습니다. 그러니까, 세트상품이 저렴할 것이라는 고정관념은 버리고, 구매할 때는 반드시 가격을 확인할 필요가 있습니다.

세트제품은 아니지만 대용량 제품이 더 저렴할 것이라고 생각하는데, 반드시 그런 것도 아닙니다. 또한 플라스틱 용기에 들어 있는 제품보다 비닐포장에 들어 있는 리필제품이 더 비싼 경우도 있습니다. 따라서 알뜰한 살림살이를 위해서 꼼꼼하게 단위당 가격을 확인해야 합니다. 그리고 비싼 것이 꼭 좋은 것은 아니라는 점도 명심하고 제품에 대한 정보를 잘 검색하여 현명한 소비를 하는 것이 좋겠습니다.

Delivering Customer Value

Learning Objectives

- Promotion Mix Variables을 이해한다.
- Push와 Pull의 개념을 이해한다.
- 유통관리의 개념을 이해한다.

① Promotion
Communication
프로모션

프로모션은 고객이 구매결정을 쉽게 할 수 있도록 도와주는 활동을 말합니다. 각종 매체를 통한 광고와 1+1, 쿠폰 등과 같은 판매촉진(판촉), PR, 영업사원의 판매활동, 그리고 스팸메일이나 정크메일 등으로 우리 일상을 성가시게도 하는 인터넷, 모바일, 전화 등을 통한 직접마케팅을 적절하게 혼합하여 실행하기 때문에 이들을 '프로모션 믹스 변수'라고 부릅니다.

Push (밀기)

- 고객에게 직접적으로 구매를 권유하는 프로모션 활동
- 대부분의 영업사원의 판매활동 및 판촉 활동

Pull (당기기)

- 고객의 구매를 유도하기 위해 간접적으로 기업의 의사전달을 하는 활동
- 대부분의 광고 및 홍보를 포함하는 PR 활동

4Ps 중 하나인 Promotion은 소비자들의 선택에 영향을 미치려고 소비자를 설득하려는 측면에서 communication이라 합니다. 특히 marketing communication은 전통적으로 광고를 의미했는데, 그만큼 광고가 프로모션에서 차지하는 비중이 큽니다.

1990년대부터 꾸준히 판매촉진(판촉)의 광고 대비 상대적 비중이 높아지고 있습니다. 이것은 Push와 Pull 프로모션을 실행함에 있어서 Push의 비중이 상대적으로 높아지고 있음을 의미합니다.

판촉으로 대표되는 Push 프로모션과 광고로 대표되는 Pull 프로모션 간의 어떤 차이가 두 프로모션 도구의 위상을 바꾸게 되었을까요?
기업 경영진의 광고효과에 대한 현실적인 의문과 판촉의 즉각적이고 단기적인 효과실현이 판촉의 증가세에 대한 이유입니다.

판촉과 광고의 비교

1. 판촉은 단기 효과, 광고는 장기 효과를 노린다.

2. 판촉은 브랜드 충성도를 낮추고, 광고는 브랜드 충성도를 높인다.

3. 판촉은 고객을 뺏어 오는 데, 광고는 고객을 지키는 데 주요 목적을 둔다.

4. 판촉은 가격탄력성을 높이고, 광고는 가격탄력성을 낮춘다.

5. 판촉은 성과측정이 용이하나, 광고는 성과측정이 어렵다.

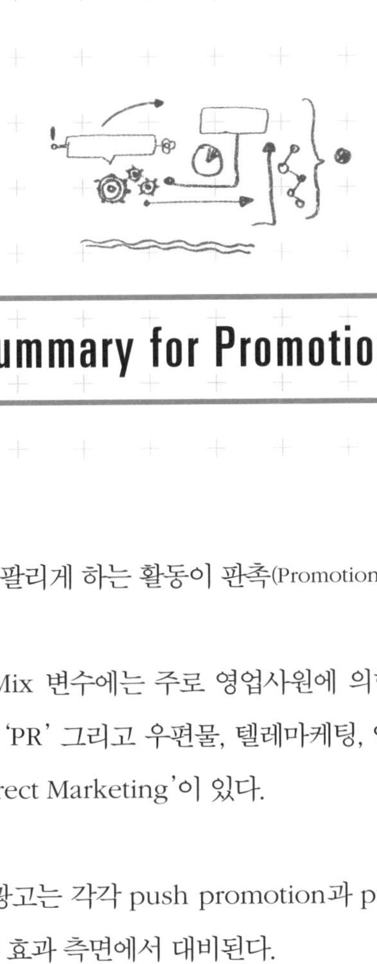

Summary for Promotion

1. 제품을 더 잘 팔리게 하는 활동이 판촉(Promotion)이다.

2. Promotion Mix 변수에는 주로 영업사원에 의한 '인적판매', '판매 촉진', '광고', 'PR' 그리고 우편물, 텔레마케팅, 인터넷, 모바일 등을 이용하는 'Direct Marketing'이 있다.

3. 판매촉진과 광고는 각각 push promotion과 pull promotion으로서, 그 목적과 효과 측면에서 대비된다.

②

Place
Convenience
유통

유통은 유통경로(Channels), 상권(Coverage), 상품구색(Assortments), 점포위치 선정,
재고, 운송 및 로지스틱스를 대상으로 합니다.
학문의 세분화에 따라 운송 및 로지스틱스는 마케팅 분야에서 독립되어 있습니다.

유통의 기능

1. 판매자와 구매자(소비자)에게 정보탐색 과정을 원활하게 해준다.
2. 제조업자와 소비자 기대 간의 차이를 분류기능을 통해 해결해준다.
   ⋯▶ 형태, 소유, 시간, 장소
3. 반복적인 거래를 가능하게 하여, 구매와 판매를 수월하게 해준다.
4. 교환과정에 있어 거래비용 및 거래횟수를 줄임으로써 효율성을 높여순다.

유통환경의 최근 추세

시장 환경의 변화

1. 쇼핑 편의성에 대한 중요성 증가

2. Information Technology의 영향력 증가

3. 소매업태의 두 가지 경향 : 대형화 & 전문화

유통채널의 변화

1. 파워 소매업자에 의한 유통시장 지배력 증대

2. 유통 중간상에 대한 B2B 프로모션 증가

3. 유통업체 브랜드(PB)의 성장

유통채널의 변화추세로 인하여,

제조업체의 브랜드뿐 아니라 소매업체와 같은 유통업체의 Channel Positioning
이 중요한 경쟁 요인으로 부각되고 있습니다.

'어떤 브랜드'를 구매할까에 앞서서,

'어디서' 구매할까를 결정하는 소비자가 증가하고 있습니다. 따라서 유통업체 간
의 고객유치의 경쟁이 치열해지면서 구매 장소에 대한 포지셔닝의 중요성이 커지
고 있는 것이죠.

소비자들은 쇼핑을 할 장소인 대형마트를 결정하는 것이 우선적인 선택 문제이
고, 일단 결정한 구매 장소를 방문하면 그 안에서 그때그때 가치(value) 있다고 느
끼는 제품을, 제조업체의 브랜드에 국한하지 않고, 구매하는 경향이 증가하고 있
습니다.

이런 추세에 의하여, 제조업체들에 대해 대형마트를 비롯한 규모 있는 유통업체
가 갖는 가격협상력과 같은 파워가 증가하고 있는 것이죠. 또한 이러한 강력한 유
통업체들은 자신들의 상표(Private Brand: PB) 제품을 갖추고 판매하고 있죠. 왜냐하
면 소비자들의 유통업체에 대한 신뢰가 channel positioning과 함께 커지고 있
기 때문입니다.

LG전자의 Best Shop
삼성전자의 Digital Plaza

이들이 새로 단장하여 깔끔하고 멋진 모습으로 다시 태어난
이유는 무엇일까요?
예전의 동네 전자제품 대리점 모습을 버린 이유는 무엇일까요?

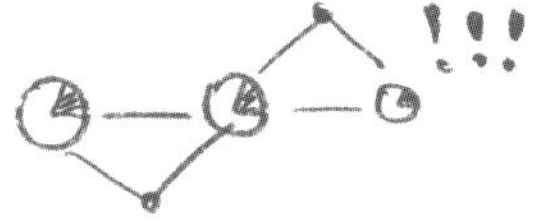

이 질문에 대한 대답은 유통채널 환경변화 추세에서 찾아야
합니다.
여러분은 전자제품을 사고자 한다면 어디로 가십니까? 아마
도 많은 사람들은 여러 브랜드를 비교할 수 있는 롯데 하이
마트로 갈 겁니다. 결국, 제조업체의 브랜드보다는 유통업체
를 선택하고 있다는 것입니다.
그러니 LG전자나 삼성전자 같은 제조업체는 롯데 하이마트
같은 유통업체의 커지는 파워를 견제하기 위해서 자신들의
판매망인 Best Shop, Digital Plaza를 매력적으로 개선해야
만 고객을 끌어들일 수 있는 상황이 된 것입니다.

유통관리의 또 다른 이슈
Multi-Channels Synergy

기존의 오프라인 채널과 지속적으로 진화하는 새로운 온라인 채널을 함께 활용함으로써 고객이 언제 그리고 어떤 경로로 구매하고자 해도 항상 문제없이 응대할 수 있는 옴니(omni) 채널을 추구하여 시너지 효과를 끌어내야 합니다.

설령 유통채널별로 다르게 별도 운영되더라도, 고객은 하나의 회사로 생각하기 때문입니다.

모바일 기기(스마트폰)를 활용한 운영의 효율성 개선

- 모바일 결제 서비스의 확대를 통한 비용절감과 구매시간 단축
- 위치기반정보에 근거한 효과적인 마케팅 실행
- 상품 기획단계에서부터 소비자들의 의견수렴 및 반영의 도구로시 모비일 기뮤니게이션을 적극 활용

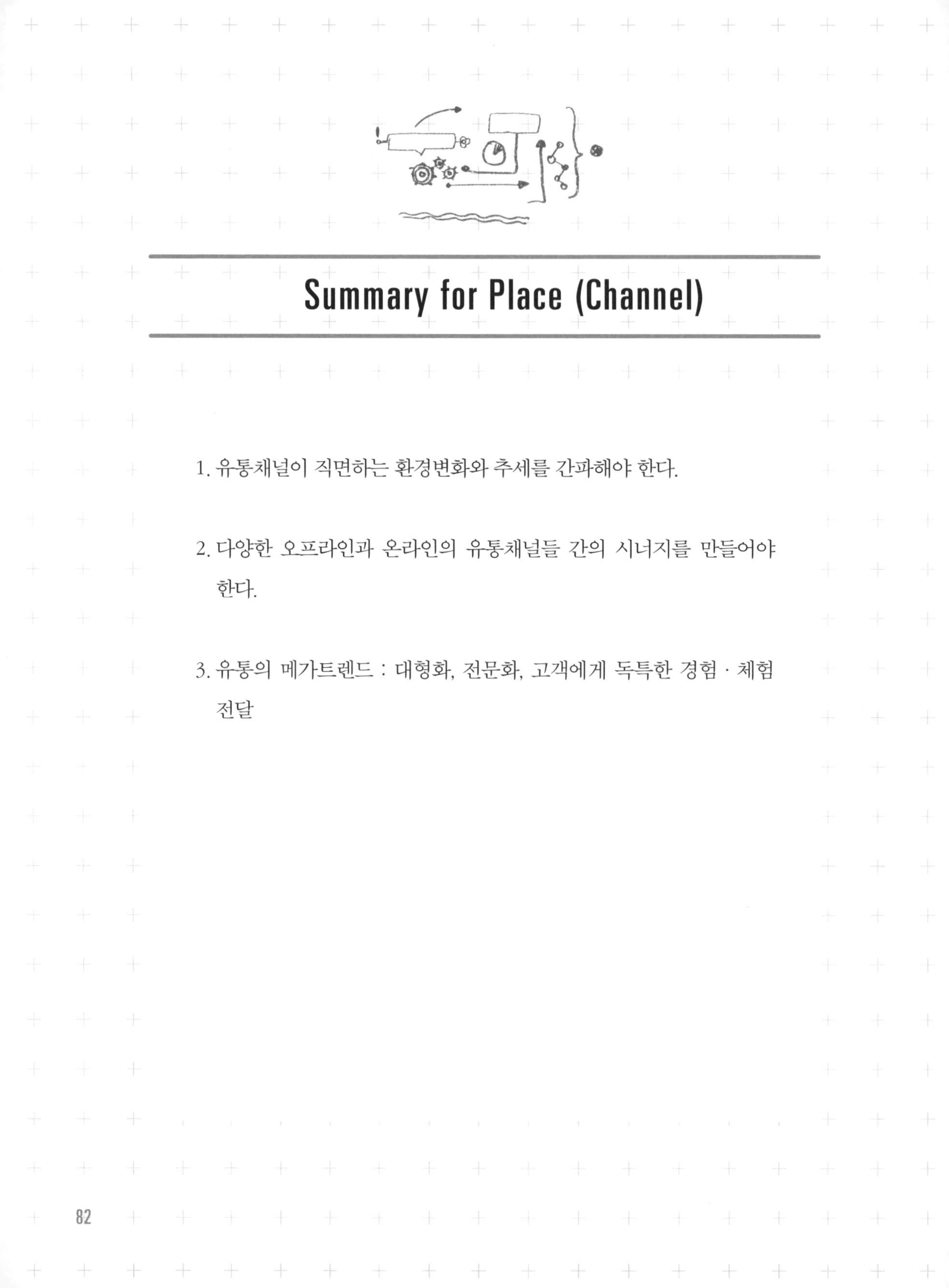

Summary for Place (Channel)

1. 유통채널이 직면하는 환경변화와 추세를 간파해야 한다.

2. 다양한 오프라인과 온라인의 유통채널들 간의 시너지를 만들어야
   한다.

3. 유통의 메가트렌드 : 대형화, 전문화, 고객에게 독특한 경험·체험
   전달

업태별 가격 차이와 현명한 쇼핑

다음은 설 명절 즈음 뉴스인데요, 어느 뉴스매체의 기사입니다. 같은 제품인데 판매가격이 판매하는 곳에 따라 다르다는 것이 주요 내용입니다.

설 명절 선물세트의 판매가격이 백화점, 대형마트, 기업형 슈퍼마켓 (SSM) 등 오프라인 매장과 오픈마켓 등 온라인 매장에 따라 크게 차이가 나는 것으로 나타났다.

한국소비자원은 3일 설 선물세트 33개의 유통업태별 판매가격을 조사한 결과, 백화점, 대형마트, SSM 간에는 최대 13%, 오픈마켓을 포함할 경우 최대 48.6%까지 가격 차이가 있다고 밝혔다.

조사된 제품은 이·미용품 선물세트 19개, 참치, 햄, 식용유 등의 가공식품 선물세트 14개로 총 33개 제품이었다.

유통업태별로는 오픈마켓이 대체로 저렴했다. 이·미용품 선물세트 중 가격 차이가 가장 크게 난 제품은 아모레퍼시픽 '려 1호'로 가격 차이가 1만3250원(44.3%)에 달했다. 백화점, 대형마트, SSM 등 오프라인 매장에서는 2만9900원이었지만 온라인 오픈마켓에선 1만6650원이면 구매할 수 있었다. 이어 아모레퍼시픽 '아름 4호', LG생활건강 '리엔 2호'가 각각 가격 차이가 8740원(43.9%), 1만6100원(40.4%)에 달했다. 아름 4호는 오프라인 매장에서는 1만9900원, 온라인 매장에서는 1만1160원에 판매됐고, 리엔 2호는 오프라인 최고가격이 3만9900원인 반면 온라인에서는 2만3800원이었다.

오프라인 매장 간에는 가격 차이가 거의 나지 않았다.

가공식품 선물세트 중에서는 롯데푸드의 '엔네이처 8호'가 백화점과 오픈마켓 간 가격차이가 1만8693원(48.6%)로 가장 컸다. CJ '스팸 복합 1호'는 SSM 가격과 오픈마켓 가격차이가 7789원(25.5%)에 달했고 오뚜기 '캔 종합 9호'는 대형마트, SSM과 오픈마켓의 가격차이가 7527원(24.7%)에 달했다.

다음은 추석 즈음의 한 일간지 신문기사입니다. 날짜를 보면 짐작하시겠지만, 내용은 매장의 종류에 따라서 같은 제품인데도 가격이 달라서 어디가 더 비싸다는 것입니다.

마트보다 33% 비싸, 백화점에서 구매하면 무조건 좋은 선물? 가격 보니……

백화점에서 판매하는 추석 선물용 한우 갈비 선물세트가 대형마트보다 33.3% 비싼 것으로 나타나 놀라움을 자아낸다.

26일 사단법인 소비자시민모임은 지난 16~23일 서울시내 주요 백화점 6곳과 대형마트 9곳의 냉동 한우 갈비 선물세트 48개 제품의 가격을 조사한 결과 백화점이 대형마트에 비해 평균 33.3% 비싸게 판매했다.

롯데·현대·신세계 백화점의 총 6군데 지점에서 파는 갈비 선물세트는 100g당 평균 9268원이고, 롯데마트, 홈플러스, 이마트 등 대형마트 5곳의 9개 지점은 평균 6951원으로 집계됐다.

백화점에서 파는 3.2kg짜리와 4.0kg짜리의 평균가격은 대형마트보다 각각 10만5583원(48.5%), 17만9667원(69.0%) 높았다.

이런 식의 기사는 설과 추석 때마다 단골로 미디어에서 다루어지고 있습니다. 그런데, 저는 질문을 하고 싶습니다. 가격이라는 숫자만 그때그때 바꿀 뿐, 내용에 있어서 90% 이상 차이가 없는 뉴스가 매년 두 번씩 명절 때마다 나온다면 이것이 정말 새롭고 유용한 정보를 주는 뉴스일까요? 소비자에게 정말로 어떤 정보가 유용한 것인지 다시 생각하게 됩니다.

그런데 이런 기사 속에서 주목할 만한 문장이 하나 있는데요, 같은 업태의 매장 간에는 가격 차이가 거의 없다는 것입니다. 그러니까, 대형마트끼리, 백화점끼리, 편의점끼리, 온라인쇼핑몰끼리 비교를 할 때는 가격 차이가 거의 없다는 겁니다.

그래서 '최저가격보상제'를 내거는 곳이 많은 겁니다. 자신들보다 더 싸게 파는 곳이 있다면 그 차액을 되돌려 주겠다고 하는 매장들이 프로모션을 하는 것이죠. 아무래도 경쟁업체들끼리 서로 견제를 하기 때문에 가격에서 크게 차이가 날 수가 없습니다. 그래서 자신 있게 자신들이 최저가라고 내세울 수 있는 것입니다.

그런데 신문이나 방송에서 봤다고 하면서, 가끔 백화점에서 대형마트보다 비싸다고 항의하면서 환불을 요구하는 경우가 있습니다. 아마도 해당 매장에서는 그 순간의 소란이 다른 고객들에게 미칠 수 있는 영향을 고려해서 원만하게 무마할 겁니다. 그렇지만 그 고객은 그 매장에서 블랙리스트에 올라 다음부터는 특별관리 대상이 될 확률이 매우 높습니다. '최저가격보상제'와 같은 제도는 같은 업종 내에서 비교를 할 때 성립되는 것인데, 그 고객은 막무가내 우격다짐을 한 셈이니까요.

현명한 소비자의 가격비교 기준

현명한 소비자라면 가격대가 업태별로 다르다는 것을 이해하고, 어느 종류의 매장에서 구매할지를 먼저 정하겠죠? 그리고 같은 업태의 매장 중에서 어디가 더 나은 가격 조건인지에 대한 정보를 그 다음으로 검색하는 것이 맞는 순서일 겁니다.

QUIZ

같은 품목의 제품에 대해서, 평균적으로 다음 중 가격이 제일 비싼 곳은 어디일까요?

❶ 대형마트   ❷ 백화점   ❸ 편의점   ❹ 구멍가게

정답은 ❸번 편의점입니다.

　원래 편의점은 비싸게 제품을 팔 수밖에 없는 곳입니다. 비즈니스 모델이 그렇습니다. 멀리 찾아가는 불편함과 이에 따른 기회비용을 대신해서 집 주변에서 쉽게 빨리 구매할 수 있는 편리성에 대한 대가를 지불하는 곳이 편의점이기 때문입니다. 게다가 24시간 운영에 따른 인건비, 전기료 등 상대적으로 높은 관리 및 운영비용까지 포함되어서, 편리성에 대해서 소비자가 기대하는 것보다는 가격이 훨씬 더 비싼 겁니다.

　절대적 가격의 크기가 아니라, 상대적인 가격 그러니까 마진을 업태별로 비교하면, 아마도 생리대나 면도날 같은 품목은 편의점이 제일 비쌀 겁니다. 이런 품목들은 충동구매 대상도 아니고 재고를 빨리 처리해야 하는 품목도 아니라서, 판촉 행사도 없고 할인도 거의 없습니다.

　반면에 편의점에서 저렴하게 살 수 있는 것도 있습니다. 도시락, 삼각김밥, 샌드위치 등의 품목은 '1+1' 같은 행사도 할 때가 많아서 원래 가격은 높아도 상대적으로 싸게 구매할 기회가 있습니다. 특히 유통기간이 짧은 식품은 재고처분이나 반품비용을 줄이기 위해서 이와 같은 판촉 행사를 자주 합니다.

　그러니까, 소비자들은 집 근처에서 편리함의 가치에 대해서 기꺼이 지불할 것인지 아니면 발품을 팔아서 자신의 수고의 대가를 챙길지를 결정하는 현명한 판단이 필요합니다.

　발품을 팔아서 집 근처를 벗어나면 재래시장, 대형마트, 백화점 등을 고려할 수 있습니다. 대형마트가 일반적으로 저렴한 가격을 유지할 수 있는 이유는 엄청나게 많은 품목을 대량구매를 함으로써 가격협상력을 높여서 다른 업태보다는 싼 가격에 구매를 하기 때문입니다. 게다가 많이 파는 데 반해 마진은 크게 붙이지 않는 박리다매형 비즈니스 모델을 추구하기 때문에 일반적으로 저렴한 가격을 형성합니다.

편의점과 대형마트를 비교할 때, 숙취해소 드링크 1개의 평균적인
가격 차이는 얼마일까요?

❶ 200원   ❷ 500원   ❸ 700원   ❹ 1,000원

정답은 ❹번입니다.

많은 직장인들이 숙취해소 드링크를 사서 마시는데, 이것도 파는 곳에 따라서 꽤 가격 차이가 있습니다. 물론 많은 직장인들은 편의점 말고, 대형마트, 약국 등 다른 곳에서도 숙취해소 드링크를 판매한다는 사실조차 거의 모르지만 말이죠.

주 3회 음주를 하고 매번 한 개씩 마신다고 가정하면, 일주일에 3,000원, 한 달이면 12,000원, 1년이면 144,000원 정도를 더 쓰는 겁니다.

물론 발품을 더 팔면 더 싸게 살 수 있습니다. 백화점, 대형마트, 편의점과 같은 소매업체를 거치지 않고 소비자가 제조업체나 생산자로부터 직접 구매를 한다면 도매가 또는 생산가로 구매할 수 있기 때문에 지갑의 무게를 지킬 수 있습니다.

직접 산지에 가거나 직판장을 갈 수도 있고 인터넷에서 생산자에게 직접 주문해서 구매할 수도 있습니다.

특히, 물리적으로 여러 장소를 돌아다니지 않지만 온라인 상에서 검색을 하고 비교하면서 시간과 노력의 발품을 들이는 인터넷쇼핑과 모바일쇼핑이 대체로 저렴하게 구매를 하는 방법은 확실한데, 한 가지 아쉬운 점이 있습니다. 제품을 보고 만지면서 직접 확인하고 싶은 욕구를 채울 수 없다는 것입니다. 이런 분들은 조금 더 발품을 팔면 되는데, 오프라인의 실제 매장에 가서 쇼핑을 하면서 제품을 직접 확인하면 됩니다. 제품에 대한 확인은 매장에서 직접 하면서도 쇼핑은 가격은 좀 더 저렴한 사이버 공간에서 하는 겁니다.

사실, 이런 소비자들은 오프라인 매장이나 제조업체 입장에서는 고민입니다. 그래서 최근에 기업들은 온라인 고객들을 오프라인으로 유도하는 판매전략을 적극적으로 구사하기 시작했습니다. 일명 O2O 마케팅 즉 online to offline 마케팅인데요, 가장 간단한 유형을 예로 들면, 온라인에서 구매를 했어도 배달을 해주지 않고 가까운 매장으로 와서 가져가라는 경우가 여기에 해당됩니다. 조금은 상식적이지 않은데, 다 이유가 있겠죠? 비록 구매는 온라인상에서 이뤄졌다 하더라도, 매장을 방문한 고객들에게 친절한 서비스와 함께 관련 상품들을 추가적으로 판매할 수 있는 기회를 실현시키려는 목적이 있습니다.

같은 품목이라도 온라인이냐 오프라인이냐에 따라서, 또 오프라인매장 중에서도 어디에 있는 어떤 매장이냐 따라 가격이 차이가 날 수밖에 없는 것이 시장원리입니다. 소비자들이 자신의 예산제약을 고려해서, 시간과 노력을 들여서 얼마나 현명하게 구매 장소를 선택하느냐에 따라 구매 가격이 달라지는 것입니다. 중요한 것은 왜 가격차이가 나는지를 이해하는 것이고, 그러면 소비자로서 구매 장소 역시 현명하게 선택할 수 있게 됩니다.

Sustaining Customer Value

Learning Objectives

- 타깃 고객에게 독특한 경험과 가치를 제공함으로써 고객충성도(customer loyalty)를 구축한다.
- 고객과의 강한 유대관계 형성을 위한
- 고객관계 관리(CRM: Customer Relationship Management)를 꾸준히 강화한다.

가치 있는 고객은 누구일까?

신용카드 회사에서 VIP 고객은 어떤 사람일까요?
좋은 직장에 고소득자들일 가능성이 높다는 것에 대해서 이견을 제시할 사람은
없을 것입니다. 왜냐하면 VIP 고객을 위한 온갖 이벤트들을 보면 바로 이런 사람
들을 위한 행사이기 때문이죠.

그런데!
이들이 반드시 가치 있는 고객일까요?

고객가치 유지는
만족한 고객이 전제조건

고객은 언제 만족하는가?

- 고객의 기대치보다 제품의 성능이 높아야 고객은 만족합니다.

  Customer Expectation 〈 Product Performance

- 고객만족(Customer Satisfaction)을 위해서, 고객의 기대치를 관리하는 것이 중요합니다. 이때는 제품의 성능을 올리거나 또는 고객의 기대치를 낮추는 두 가지 접근이 가능하죠.

- 성능과 기대치와 함께, 고객이 '인지'하는 가치(Customer-perceived value)를 관리하는 것도 중요합니다. 즉 그 제품이 고객 자신에게 가치가 있다고 느끼게 해야 합니다.

  "I think they're worth it."

만족한 고객을 관리하는 것만큼이나 불만족한 고객을 관리하는 것도 중요합니다.
그 이유는 무엇일까요?
만족한 고객 10명 중 1명 정도가 다른 사람에게 칭찬을 한다면, 불만족한 고객 10명 중 7명 정도가 다른 사람에게 불만을 얘기한다고 합니다. 이들 7명의 부정적인 얘기들이 퍼져나가는 것은 결코 바람직하지 않죠. 특히 SNS의 영향으로 입소문이 빠르게 퍼져나가는 상황에서는 더욱 그렇습니다.

그런데
모든 고객을 만족시키는 것이 어렵다면 어떻게 해야 할까요?
불만족한 고객은 어차피 불만을 퍼트린다면?

그렇다면
불만족한 고객 중 일부는 과감하게 버리는 것도 하나의 해결책이 될 수 있습니다.

왜냐하면
'모든 고객은 왕이다'는 더 이상 진실이 아니기 때문입니다.

마케팅의 목표는 매우 현실적이어야 합니다.
즉, '수지가 맞는(profitable)' 고객에 초점을 맞추고 이들의 고객가치를 유지해야 합니다.

수지가 맞는(Profitable)
고객가치 유지

- 고객에게 적절한 보상(혜택)을 제공하여, 고객의 충성도를 (Customer Loyalty) 높이고,
- 고객의 이탈을 최소화하면서 유지(Retention)하는 것이 중요합니다.

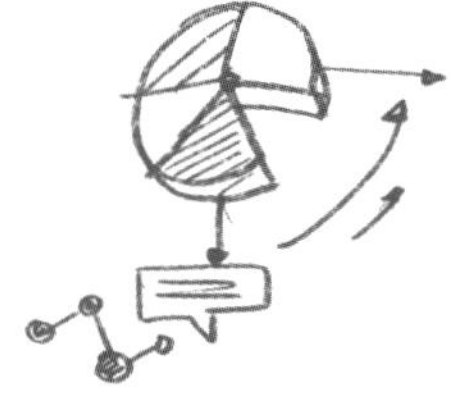

- 신규고객 획득이 기존고객 유지보다 비용 측면에서 7배 정도 비싸다.
- 수익성 측면에서, 유지고객의 공헌도가 신규고객에 비해 절대적이다. ⇒ 80:20 rule

좋은 고객은 어떻게 찾는가?

Customer Scoring

고객 개개인의 점수를 매깁니다. 그리고 나서 고객점수를 근거로 고객을 분류하고, 그 등급에 맞는 보상(혜택)을 통하여 고객관계를 시작합니다.

RFM(Recency, Frequency, Money amount)

최근에 방문한 고객일수록, 자주 방문한 고객일수록, 한 번에 큰 매출을 올려주는 고객일수록, 높은 점수를 부여하는 방식으로 고객점수를 산출합니다.

Customer
Relationship
Management

고객관계 관리

산출된 고객점수에 기초하여 등급별로 고객을 관리하여, 일회성이 아닌 지속적인 고객과 기업의 관계를 구축하여 고객의 충성도를 높이는 활동을 고객관계 관리라고 합니다.

따라서 CRM 관점에서의 고객점수는 RFM 기준뿐 아니라, 그 고객이 떠나기 전까지 지속적으로 남아 있을 기간 전체를 고려하여 계산하는 고객생애가치(Customer Lifetime Value)에 근거하여 도출되어야 합니다.

그렇다면 가치 있는 고객은……

아직도 좋은 직장의 고소득자가 VIP 고객이라고 생각하고 있나요?
직업이나 소득 수준은 VIP를 결정하는 요건으로는 불충분합니다!

- 만족한 고객으로, 다른 사람에게 우리 회사 칭찬을 적극적으로 하는 사람,
- 우리 회사에 대한 기대치는 높지 않으면서 오랜 기간 이탈하지 않고 고객으로
  남아 있는 사람,
- 그리고 우리 회사에 높은 수익을 가져다주는 사람이 바로 가치 있는 고객입니다.

Summary for Sustaining Customer Value

1. 타깃 고객에게 독특한 경험과 가치를 제공함으로써 고객충성도
   (customer loyalty)를 구축한다.

2. 고객과의 강한 유대관계 형성을 위한 고객관계 관리(CRM: Customer
   Relationship Management)를 꾸준히 강화한다.

성공적인 광고란 무엇인가

성공적인 광고라 하면 어떤 광고일까요? 잘 만들었다고 국제적인 상을 받는 광고는 성공한 것이겠죠?

매년 잘 만들어진 영화에게 상을 주는 국제적으로 권위 있는 시상식으로는 미국 할리우드에서 진행되는 아카데미 시상식과 프랑스 칸 영화제 시상식이 있는데요, 광고 분야도 전 세계 광고를 심사하여 상을 주는 국제적인 권위의 시상식이 있습니다.

대표적인 것이 상업성과 창의성 중심으로 평가하는 미국의 뉴욕 페스티벌과 클리오 광고제이고, 또 하나는 유럽에서 예술성과 창의성 중심으로 평가하여 시상하는 광고제가 있습니다.

QUIZ

다음 중 유럽에서 매년 6월에 시행되는 세계적인 광고제 개최지는?

① 런던　　**②** 칸　　**③** 비엔나　　**④** 파리

정답은 **②**번입니다. 매년 5월에 칸 영화제가 있고, 바로 그 자리에서 한 달 후 칸 국제 광고제가 열립니다.

그런데 소비자들 입장에서는, 이와 같은 권위 있는 상의 수상 여부와는 관계없이, 재미있거나 특이해서 기억 속에 잘 남아 있는 것이 성공적인 광고 아닐까요? 또, 광고주인 기업 경영자 입장에서는 상품을 잘 팔리게 한 광고가 성공적인 것 아닐까요?

대한민국 국민 모두가 다 아는 유행어를 만들어낼 정도로 모두가 아는 광고라면 분명 성공적인 광고일 겁니다. "따봉"이라는 단어 아시죠? 네~ '아주 좋다'는 뜻의 포르투갈어인데, 우리 국민 누구나 아는 단어입니다. 이런 낯선 단어를 모두가 알게 된 이유는 어느 오렌지주스 광고에서 언급되어 히트를 쳤기 때문입니다.

그런데 흥미로운 것은 모두가 성공한 광고라고 생각하는 이 광고를 광고주는 그다지 성공적이지 않다고 평가했다고 합니다. 왜냐하면 이 광고를 한 D브랜드의 판매량이 그다지 늘어나지 않았다는 데 문제가 있었던 것입니다.

그러니까, 광고는 성공해서 유행어가 되었는데, 정작 소비자들은 그 광고의 브랜드를 기억하지 못했고, 그래서 상점에 와서는 '따봉이 뭐였더라? 아! 오렌지주스!!' 하면서, 브랜드를 특별히 신경 쓰지 않고 손에 잡히는 오렌지주스를 샀다는 얘기입니다. 그 덕에 오렌지주스 전체 시장은 성장했다는 긍정적인 효과가 있긴 했습니다.

나중에 이 회사는 자신의 브랜드를 알리는 데 중점을 둔 광고를 만들어서 "따봉"과 연결시키려는 노력에 추가 비용을 더 썼습니다.

다시 만들어서 성공한 광고 : 고객 마음을 움직여라!

유행어를 만들 만큼 성공적이지는 않지만, 비교적 광고는 잘 만들었다는 평가를 받았음에도 불구하고 소비자들 마음에 별로 와 닿지 않아서 판매가 잘 안 되어 다시 만든 제품광고도 꽤 많습니다. 미국에서 인스턴트커피가 처음 나왔을 때가 그런 예입니다.

분명히 맛 테스트에서 주부들이 신제품인 인스턴트커피와 기존의 그라운드커피(ground coffee)의 차이를 구분하지 못했을 정도로 좋은 평가를 받았음에도 불구하고 판매가 매우 부진했습니다. 결국 다각도로 원인 분석을 하고 심층적인 연구를 한 결과 흥미로운 사실을 발견하게 됩니다. 매일 아침 커피원두를 갈아서 내려 만드는 그라운드커피가 아니고, 뜨거운 물만 부으면 되는 인스턴트커피를 주부들이 구매했을 때 주부 자신의 모습이 게으른 주부로 비춰질 거라는 두려움이 구매를 막고 있다는 것을 알아냈습니다.

그래서 인스턴트커피의 맛과 편리함을 강조하는 광고를 중단하고, 현명하고 가족을 사랑하는 주부가, 그라운드커피를 갈고 내리는 시간을 절약해서, 좀 더 가족들에게 사랑을 쏟는다는 내용으로 인스턴트커피 광고를 바꾸면서 판매가 늘어나기 시작했다는 유명한 일화가 있습니다.

비슷한 사례가 우리나라에도 있습니다. 즉석밥의 대명사가 된 '햇반'을 처음 시장에 내놓은 CJ는 '100% 이천쌀밥'이라는 주제로 편리함과 맛을 강조했는데, 이미 출시된 냉동밥이나 레토르트 상품들의 견제를 받으면서, 괄목할 만한 판매실적을 내지 못했습니다. 그런데 한국의 대표적 어머니상으로 꼽는 〈전원일기〉의 배우 김혜자 씨를 광고모델로 기용하고, 집에서 엄마가 정성스럽게 지어준 것처럼 맛있는 밥이라는 이미지를 부각하는 광고로 바꾸면서부터 구매자층이 낚시꾼, 등산객, 싱글족 위주에서 주부들을 포함하는 일반 소비자층으로 확대되기에 이르렀습니다.

광고가 성공하려면 모델 선정이 중요하다

광고에서 중요한 요소 중 하나는 누가 모델로 나섰냐는 것입니다. 얼마나 인기 있고 신뢰감을 주는 긍정적 이미지의 모델을 기용하느냐에 따라 판매효과는 크게 차이가 날 수 있습니다.

커피믹스 시장을 예로 들겠습니다. 커피믹스 시장의 부동의 1위인 동서식품의 맥심이 당시 온 국민으로부터 최고의 사랑을 받고 있던 피겨여왕 김연아 선수를 모델로 내세울 때, 후발주자로 뒤늦게 이 시장에 뛰어든 '프렌치카페'의 남양유업은 최고 인기 배우 김태희와 강동원을 광고모델로 내세워서 신제품에 대한 인기몰이를 하는 데 큰 도움을 받았습니다. 이때도 재미있는 것은 많은 남성들은 '아~ 김태희 커피'라고 했고, 대부분의 여성들은 '강동원 커피'라고 할 정도였습니다. 남성과 여성 시장에 각각 당시 최고의 인기 배우를 모델로 해서 소비자들의 기억 속에 자신의 제품을 성공적으로 기억시킨 것입니다.

유명 연예인을 광고모델로 활용할 경우, 가장 큰 효과는 '주목도'입니다. 즉 유명 인기 연예인은 소비자의 주의를 끄는 효과가 큽니다. 게다가 유명 연예인 광고 모델을 보면 기분이 좋아지고, 그 연예인의 팬인 경우에는 더욱 열심히 보기 때문에 자연스럽게 제품과 브랜드가 함께 노출되어 소비자들의 기억에 남아 있을 가능성이 높아지는 것입니다.

최근에는 전 세계적으로 스포츠 스타에 대한 광고모델 선호도가 올라가고 있습니다. 운동선수들은 땀 흘리며 열심히 훈련하는 성실한 이미지가 강하기 때문에 그들의 긍정적인 이미지가 제품으로 전이되는 효과를 노리는 것입니다.

그런데, 우리나라와는 다르게, 미국에서는 유명 연예인이 등장하는 광고를 찾아보기 힘듭니다. 그 이유는 높은 개런티 때문일 수도 있겠지만 연예인이 사생활에서 겪는 스캔들이나 부정적인 에피소드가 광고하는 제품이나 브랜드에 악영향을 끼칠 것을 염려해서입니다. 그래서 스포츠 스타 또는 그냥 평범한 사람들을 모델로 하는 경우가 대부분입니다.

스포츠 스타 혹은 유명 인기 연예인이 광고모델을 한다고 해서 그 제품이나 기업이 반드시 최고의 품질과 믿음을 보장하는 것은 아닙니다. 특히 소비자들이 최고의 스타를 별 의심 없이 믿는다는 점을 이용하기 위해 이들을 광고모델로 기용하는 경우도 있기 때문에, 현명한 소비를 위해서라면 광고모델과 그가 대변하는 제품의 신뢰도를 구별할 줄 알아야 합니다.

Marketing Failure of New Product

Learning Objectives

- 신제품 아이디어 관리의 중요성을 인식한다.
- 성공적인 신제품 시장출시를 위한 고려 사항을 이해한다.

1993년 여름, 미국시장에 Crystal Pepsi가 출시되었습니다.

반면에 Coca-Cola는

유사한 신제품 아이디어를 선별과정에서 탈락시킴으로써

제품개발 자체를 하지 않았습니다.

Crystal Pepsi는 실패한 신제품이 되었습니다.
무엇이 문제였을까요?

시장에 출시된 직후 Crystal Pepsi 매출은 급등했습니다.

그러나 2주차에 그 매출은 반 토막이 났죠. 3주차에 다시 반 토막, 4주차에 이르니 출시 첫 주 매출과 비교해서 10% 정도에 불과했습니다.

막대한 마케팅 비용과 노력에도 불구하고, 결국 한 달여 만에 시장에서 퇴출되는 수모를 겪은 것이죠.

처음에 소비자들은 호기심에서 투명한 콜라 Crystal Pepsi를 구매했습니다.

그러나 불행하게도, 2주차부터 재구매로 이어지지 않는 현상이 뚜렷했습니다.

소비자들 입장에서 콜라 색을 제거한 Crystal Pepsi를 콜라로 받아들이기 쉽지 않았던 것이죠.

신제품 개발을 위한
아이디어 선별 기준

- 시장 크기
- 개발기간과 비용
- 제조비용
- 수익성
- 고객의 수용 정도

이 기준 중에서 특히 마케팅이 신경 써야 할 것은 시장에서 고객이 새로운 제품에 대한 아이디어를 수용할 것이냐를 판단하는 것입니다.

지금까지 우리가 공부한 마케팅 프레임워크(STP, 4Ps, CRM)를 바탕으로 미게팅을 실행함에도 불구하고, 소비재 제조업체들이 매년 출시하는 신제품 중 약 90%는 시장에서 살아남지 못하고 퇴출되는 것이 현실이다.

ACCORD

하이테크 산업에서 신제품 아이디어를 선별하는 6가지 기준

Relative Advantage

뭔가 나은 점이 있어야 한다.

Compatibility

기존 가치나 경험과 일관성이 있어야 한다.

Complexity

복잡하지 않고 사용하기 편해야 한다.

Observability

남들 눈에 잘 띄어야 한다.

Perceived Risk

물리적으로 그리고 경제적으로 위험성이 적어야 한다.

Divisibility

demo version처럼, 시험성(Trialability)이 가능해야 한다.

콘셉트 개발과 테스팅

- 신제품 아이디어를 실질적인 대안이 될 수 있는 상세한 제품 콘셉트로 변환합니다.
- 새로운 제품 콘셉트를 타깃 고객들에게 테스트합니다. ┅▶ 콘셉트 테스팅
- 타깃 고객들에게 가장 잘 어필하는 개념을 선택합니다.

---

ex 짜먹는 요구르트

떠먹는 것과 마시는 것의 2개 제품 개념이 존재하던 요구르트 시장에서, 2000년대 초, 짜먹는 요구르트의 신제품 개념은 어린이 고객을 타깃으로 하여 성공적으로 시장에 자리 잡았다.

테스트 마케팅

신제품 출시에 앞서서, 실제 시장 환경에서 신제품을 마케팅의 테스트하는 것입니다. 소프트웨어 산업에서는 테스트 마케팅을 '베타 테스트'라고 부르기도 합니다.

- 목표

  실제 시장 상황에서 마케팅을 실행하여, 다양한 마케팅 믹스의 대안들을 실험합니다.

- 이점

  실패 위험을 줄이고 제품 개선의 배경으로 활용할 수 있습니다.

- 약점

  시간적으로, 금전적으로 투자비용이 증가합니다.

  경쟁자에게 신제품(비밀)이 노출됩니다.

Commercialization
Launching

시장 출시

중요 결정사항

- 언제, 어디서, 어떻게?

- 디자인은? – 스타일, 색상, 맛 등

- 브랜드 이름은, 포장은, 가격은?

- 시장 교육(Educate the Market)

- Leading Brand의 이미지 구축

- 론칭 사전정보(Pre-launch Information)의 전략적 제공

- 협업(Cooperation) / 제휴(Alliances)

- 타깃 고객들 중에서 얼리어댑터, 오피니언 리더들의 입소문 마케팅을 전략적으로 관리(Opinion Leaders / Market Mavens / Word-Of-Mouth)

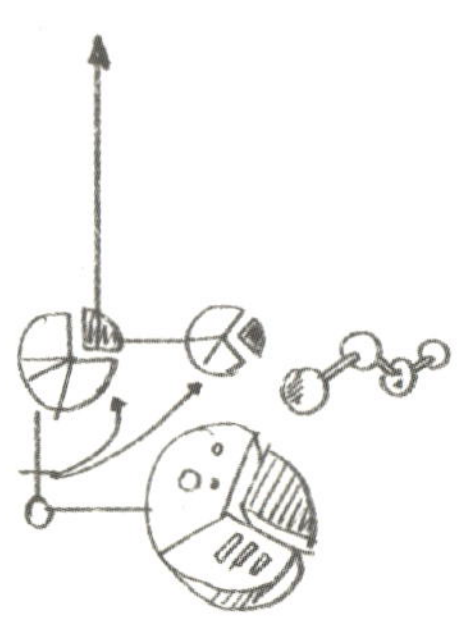

효과적인
입소문(Word-of-Mouth)을
위해서는……

단순한 스토리텔링(story telling)이 아니라, '좋은' 스토리텔링이어야 합니다.

- 꿈을 심어주거나 실현시키는 스토리
- 한정판에 얽힌 스토리
- 에피소드를 강조하는 스토리
- 고객경험에 기반한 스토리

희소성, 신비로움, 기대감, 영웅심리 등을 이용하는 것도 효과적입니다.
당연히 논리적 접근보다는 감성적 접근이 효과적이죠.

마케팅 실수로 인한 신제품 론칭 실패

좋은 품질과 성능의 신제품을 개발했다 할지라도, 출시(준비) 과정에서 범하는 마케팅 실수로 인하여 신제품이 실패하는 경우는 매우 흔합니다.

- 정확하지 못한 고객의 욕구 파악

- 부정확한 시장조사

- 잘못된 포지셔닝 또는 타깃팅

- 경쟁사의 대응에 대한 불충분한 준비

- 과도한 브랜드 확장(Brand Extension)

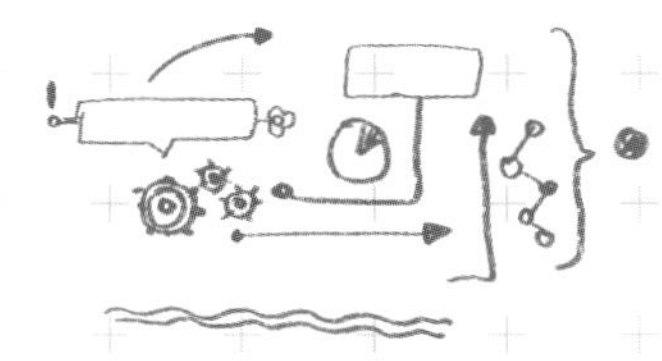

Summary for Marketing Failure of New Product

1. 신제품의 성공 또는 실패 요인 파악

   • 성공과 실패 요인을 파악히여 성공확률을 극대화한다.

   • 고객(시장) 지향적 신제품 개발 프로세스를 통해서 실패확률을 최
   소화한다.

2. 출시(Commercialization / Launching) 관리

   • 신제품 도입 초기단계의 확산(Diffusion)이 관건이다.

   • 시장진입을 위한 신속하고 정확한 론칭 전략이 필요하다.

3. 입소문(Word-Of-Mouth Marketing) 관리

   • 고객들의 social networks를 이해하는 것이 필수다.

   • SNS상에서의 허브고객(customer hubs)을 관리한다.

   • 감성적 어필을 하는 스토리텔링이 효과적이다.

전통 소매업의 변화하는 추세

소매업은 크게 무점포형과 점포형으로 나누어집니다. 그런데 최근에 이들 각각에 큰 변화가 진행되고 있습니다. 어떤 것들이 있는지 알아보도록 하겠습니다.

방문판매의 특징과 시장 환경의 변화

영업사원을 이용한 방문판매 혹은 직접판매는 가장 오래된 역사를 가진 무점포형 소매업입니다. 학습지 '방문교사', '정수기 코디', '야쿠르트 아줌마', '화장품 아줌마', '보험 FC' 등이 대표적인 경우입니다.

대형할인점, 대형전문점, 온라인쇼핑 등이 치열하게 경쟁하는 소매업 시장에서, 첨단 디지털 시대와는 맞지 않게 여전히 아날로그 방식으로 운영되는 방문판매가 성장을 멈추지 않고 있다는 것이 참 대단한 일입니다. 화장품산업에서 방문판매는 전체 화장품 시장의 매출규모의 25% 정도를 차지하고 있습니다.

이 같은 방문판매원의 경쟁력은 상품에 대한 개인 컨설턴트 역할은 물론, 일상사 전반에 대한 카운슬러 역할까지 수행하는 감성마케팅에서 나옵니다. 방문판매 고객들은 돈 1~2만 원의 추가적 지출보다는 어떤 서비스를 받느냐에 더 큰 가치를 두고 있기 때문에, 화장품의 경우 개별 고객의 피부 특성에 맞춰 제품을 추천

하고 마사지, 메이크업 등 부대 서비스까지 덤으로 제공합니다. 남편과의 다툼이나 자식에 대한 고민을 들어주는 것도 이들의 중요한 일과죠.

그러나 방문판매는 인건비의 증가, 높은 마진율에 의한 다소 비싼 가격, 취업주부의 증가, 교통체증으로 인한 이동시간의 증가 등 여러 요인으로 인해 영업환경이 나빠지고 있습니다. 그런 이유로 기존의 방문판매 유통방침을 수정하는 기업도 늘어나는 추세입니다.

대표적인 예가 미국의 타파웨어(Tupperware)의 파티 판매 방식이 사라진 것을 꼽을 수 있습니다. 얼 타파(Earl Tupper)가 1946년 설립한 미국의 플라스틱 주방용품 브랜드 타파웨어는 가정용 플라스틱 용기를 판매하는 기업입니다. 타파웨어는 가볍고 튼튼하며 저렴하다는 장점 때문에 주부들로부터 큰 인기를 얻었죠.

타파웨어는 전통적으로 판매원인 컨설턴트가 주부들을 모아 주선하는 파티판매를 중요한 유통경로로 활용해왔습니다. 일반 가정집에 여러 친구들이 모인 곳에서 타파웨어 컨설턴트는 자사 제품을 자세하게 설명하고 직접 제품의 용도를 확인할 수 있게 한 후 그 자리에서 주문을 받는 방식이며, 파티 장소를 제공한 집주인에게는 타파웨어 제품 구입 시 상당 금액을 할인해주는 혜택을 제공해 왔습니다.

그러나 주부들의 취업이 늘면서 파티에 이들을 모을 수 있는 기회가 줄어들게 되었죠. 또한 주부의 시간에 대한 효용이 증가하면서 신속한 쇼핑과 배달에 대한 욕구가 증가했고요. 그러니 시간이 많이 소요되는 파티판매는 더 이상 매력적인 유통경로가 되지 못하게 된 것입니다. 그 결과 타파웨어의 매출은 지속적인 감소를 보이게 되었습니다.

타파웨어는 판매 루트를 수정해야만 했죠. 그래서 2000년경부터 미국 주요도시의 쇼핑몰에 상점을 개설했고, 홈쇼핑과 인터넷 웹사이트를 통한 판매도 시작했습니다. 시장 환경의 변화에 적응하여 판매방식을 전략적으로 수정한 사례입니다.

다단계 판매의 특징과 장점

가가호호 방문하는 전통적인 판매방식에서 좀 더 과학적이고 현대적으로 진화한 형태가 다단계 판매입니다. '네트워크 마케팅'이라고도 불리는 다단계 판매는, 제품판매뿐 아니라 판매원을 관리하고 보상하는 방식으로, 판매원이라는 인적 네트워크를 판매수단으로 활용합니다. 판매원이 소비자에게 제품을 판매하고 그 실적을 통해 후원수당을 받음과 동시에 자신이 모집하거나 후원한 회원이 다시 다른 소비자에게 판매한 실적으로부터 야기되는 후원수당도 받는 구조입니다.

전통적인 방문판매처럼 중간 유통구조가 없고, 또 대중매체 광고비를 절약할 수 있다는 장점이 있는 판매 방식입니다. 그리고 소비자이자 사업가인 판매원들의 입소문으로 제품을 알림으로써 마케팅 비용을 절약하고 낮은 제품의 가격을 유지할 수 있게 합니다.

피라미드 판매방식과 구조가 유사하기 때문에 부정적인 시선을 받는 일도 종종 있지만, 회원 가입비가 없고 재고에 대한 책임이 없으며, 상품교환과 환불이 가능한 점 등에서 불법적인 피라미드 판매방식과는 근본적으로 다릅니다.

피라미드 판매의 폐단과 불법성

피라미드 판매는 그 구조는 다단계 판매와 유사하지만, 여러 이유에 의해 사회적 폐단을 야기하는 불법 유통구조입니다. 판매원이 실제 소비자에게 제품을 판매하는 구조라기보다는, 주로 하위 판매원 즉 다운라인 판매원을 모집함으로써 소득을 올린다는 점이 불법 피라미드의 특징이죠.

일반적으로 불법 피라미드 판매는 많은 금액의 가입비와 교육비를 요구하며, 가입시킨 판매원에게 강제 구매를 유도하는 구조로 이루어져 있기 때문에, 하위 판매원 확보가 일종의 의무사항이 되며, 제품의 판매에서 오는 매출보다는 새로운 판매원을 가입시키는 모집활동 자체에서 수익이 발생하는 구조입니다. 그렇기 때문에 초기에 성황일 때는 돈이 되는 것처럼 보이지만, 성장이 멈추는 시점에서 가입한 참여자는 모집할 수 있는 참여자가 극히 제한되기 때문에 어떠한 보상도 받을 수 없게 되는 것이죠. 결국 피라미드 판매는 신규 참여자의 손실로부터 기업이 이익을 얻는 비정상 구조입니다.

그리고 피라미드 판매는 빠른 성장을 위해 판매원이 얻게 되는 잠재수입을 과장합니다. 신규 참여자가 피라미드 체계에서 높은 수입을 얻을 확률은 자신의 노력과는 상관없이 피라미드 규모가 커질수록 낮아지는 것이 현실임을 알려주지 않는다는 것도 큰 문제 중 하나입니다.

대형화와 전문화가 야기하는 시장 변화

우리 주변의 상점들을 보면 최근 10여 년 동안에 그 크기가 매우 커진 것을 알수 있습니다. 대표적인 것이 대형마트입니다. 동네 구멍가게 숫자는 편의점으로 대체되면서 급격히 줄어든 반면에, 대형마트는 크게 늘었습니다. 그런데 이렇게 매우 큰 상점들 중에서 특정 제품군에 전문화한 상점들이 있습니다.

예전에는 동네에 전파상이라고 해서 전자제품들을 파는 가게들이 있었지만 이제는 거의 다 사라졌죠. 대신에 훨씬 큰 규모로 여러 제조회사의 다양한 브랜드를 모아둔 하이마트에 가는 경향이 커졌습니다. 물론, 삼성전자의 리빙프라자, LG전자의 베스트샵과 같은 제조회사의 상점을 가기도 하지만, 이런 곳에서는 여러 브랜드를 함께 비교하고 구매할 수가 없어서 싫어하는 소비자도 꽤 많습니다.

결국 전문 대형할인점은 대형화와 전문화라는 두 가지 무기로 그 분야의 소규모 상점들을 시장에서 사라지게 만들고 있어서, 이들을 일명 '카테고리 킬러'라고 부르고 있습니다. 이렇게 우리 이웃에서 거의 사라진 것으로 동네 책방(서점)을 꼽을 수 있습니다. 대형서점이 이웃에 등장함으로써 생긴 결과입니다.

카테고리 킬러만큼 큰 덩치는 아니지만, 최근 몇 년 사이에 우리 주변에는 편의점 같기도 하고 화장품 가게 같기도 한 점포들이 많이 생겼습니다. 편의점과는 다르게 건강 관련 제품과 화장품이나 미용제품이 많이 있는 '드러그 스토어(drugstore)'입니다. 드러그 스토어는 저출산, 고령화, 그리고 예전보다 구매력이 커진 여성 소비자의 증가라는 사회적 구조변화와 더불어 시장잠재력이 빠르게 성장하고 있습니다. 특히 대형마트, 백화점 등의 시장이 포화상태에 이르러 신규점포를 개설하는 데 어려움이 크기 때문에, 대기업들이 드러그 스토어에 관심을 갖고 있는 것이 현실입니다. 이들의 빠른 성장도 동네 약국들에게는 큰 위협입니다.

이와 같은 시장지배력을 갖는 거대상점들 틈에서 개인이 운영하는 소규모 자영업이 살아남으려면 자신만의 차별화 요소를 갖추는 데 노력을 집중해야 합니다. 또한 동시에 소비자들도 동네 작은 가게들에 발길을 끊지 말고, 이웃상권의 경제에 관심과 애정을 갖는 것이 좋겠습니다.

B2B Marketing

Learning Objectives

- B2B 마케팅의 핵심단어를 중심으로 그 중요성을 이해한다.
- B2B 마케팅에서 브랜드 관리가 중요할 수 있음을 이해한다.

B2B 시장과
B2C 시장의 특성 차이

최종소비자를 대상으로 하는 B2C(Business to Consumer)와 대비되는 B2B(Business to Business)는 시장의 특성에서 차이점이 있기 때문에, 그에 따른 마케팅도 차이점이 존재합니다. 물론 근본적인 원칙에서 차이가 존재하는 것은 아닙니다.

구분	소비	고객의 수	구매형태	고객과의 관계	수요변동 요인	제품	유통	가격	프로모션
B2B	사업장	상대적으로 소수	다양한 부서 참여	강력한 관계 필수	경기, 금융정세, 환율, 생산구조, 기술 혁신등 B2C 수요에 의한 파생수요 발생	주요 기능에 초점/주문에 의한 개발/기술개발에 주력	상대적으로 단순	거래이력 협상 원가 기술혁신	인적판매
B2C	개인 · 가정	불특정 다수	실제 제품 사용자	브랜드 충성도에 따른 관계 강화	경기, 유행, 트렌드	기능과 심리적인 속성에 의존	복잡한 구조	비교적 표준화 판매촉진적 가격할인	광고 · 판촉

Business to Business Marketing, 무엇이 다른가?

1. 나의 고객은 단 한 명입니다.
2. 그런데, 그 한 명 뒤에서 정말로 많은 사람들이 '감 놔라 배 놔라' 하는 것 같습니다.
3. 나의 고객은 항상 협상을 하고자 합니다.
4. 나의 고객은 가격이 제일 중요한 고려사항이 아닌 것 같기도 합니다.
5. 나의 고객과 인간적인 친분을 쌓은 것이 중요합니다.

Buying Center
구매센터

나(자동차 부품 제조사)의 고객(자동차 제조사)은 한 명이 아니라, 그 뒤에 여럿이 있는
하나의 '구매센터'입니다.

구매센터 구성원	역할	부서	공략방법
제안자 initiators	구매요청	개발담당자, 생산담당	완제품 품질향상 및 원가절감 가능성 제시
사용자 users	제품사용	생산담당	편리성 강조
영향력 행사자 influencers	기술검토 등	R&D	완제품 성능 향상 또는 안전성 강조
결정자 deciedrs	승인	구매책임자	재무적혜택 강조
구매자 buyers	구매조직 조정권한과 협상	구매담당자	안정적 공급
문지기 gatekeepers	제품정보 접근 허용권한	구매 담당자, 접수대 근무자	구친밀도 향상

B2B Marketing의
Key Words

1. 고객 구매센터 분석을 통한 신사업 기회 발견
2. 밀착영업
3. 고객기업의 가치 향상
4. 공동개발(Joint Development)

고객(구매센터) 니즈분석을 통해 새로운 사업기회를 발견한 SK해운

원유 등을 수송하는 '탱커선 사업'과 화물을 수송하는 '벌크선 사업'이 주종목인 해운업에서 후발주자인 SK해운은 틈새시장으로 원양어선에 주목했습니다. 원양어선이 급유를 위해서 조업 중에 항구로 되돌아 와야 한다는 점에 착안하여 해상의 주유소로 불리는 '벙커링 사업'에서 자신의 독자영역을 구축한 것입니다.
주유소가 주유에서 편의점까지 확대되듯이, 벙커링 사업은 원양어선의 선원을 위한 다양한 보급품을 공급하는 사업으로 확대되었습니다.

밀착영업으로
지속적인 관계를 형성한 LG실트론

LG실트론(반도체 시장에서 웨이퍼를 생산)은 후발업체임에도 불구하고 장기적인 밀착영업으로 고객을 확보했습니다. 약 10여 년 간 일본 SANYO사 현지에 주재원이 정기방문을 지속함으로써 지속적인 관계를 형성한 것이죠.

일본에 세계 1~2위 웨이퍼 생산업체가 있기 때문에, 제3 공급자로서의 역할을 자청하여 SANYO에게는 안정적인 공급원 확보가 가능하다는 점을 강조했으며, 기존 납품업체들에 비해 저렴한 가격대로 제공하여 경제적인 측면에서도 매력적인 제안을 내놓은 것이 통한 것입니다.

B2B 고객기업의
가치를 향상시켜주는 BASF

고객과의 동반성장을 주된 비전으로 하는 BASF는 경쟁사와 차별화된 가치를 제공하여 고객기업의 가치를 향상시킴으로써 고객-공급자 관계를 강화해 왔습니다. 고객사의 공장에서 작업을 수행하고 품질관리 업무까지 담당함으로써, 생산성 향상과 낭비 감소라는 고객사의 니즈 충족은 물론 양사간의 윈윈 관계를 형성한 것입니다.

이런 관계는 타 경쟁사 대비 진입장벽을 형성할 수 있게 되어 BASF에게는 안정적인 수익원을 확보한 효과까지 제공했습니다.

공동개발(JD: Joint Development)로 고객사를 돕는 Danisco

Danisco는 올리고당, 식이섬유, 자일리톨 등 다양한 식품소재 부문에서 압도적인 세계시장 점유율을 갖고 있는 세계 최대 식품소재의 B2B 기업입니다.
롯데의 히트작 자일리톨 껌은 Danisco의 '고객의 고객'을 생각하여 고객의 니즈를 충족시키려는 지속적인 노력으로 2000년에 공동개발되어 재출시된 것입니다.

JD : Joint Development
공동개발

- JD는 고객사가 제품을 개발할 때 해당 제품의 부품 또는 한 부분을 공동으로 설계 및 생산했습니다.

- 마케팅 외에 생산을 담당하는 CFT(Cross Funtional Team)를 운영하여 고객이 신제품 개발 착수 시 고객과 함께 프로젝트를 전개했습니다.

- 고객사의 신제품 개발 시, 개발과 시제품 연구 단계에 진입하여 향후 경쟁자의 진입 방어 및 기술 향상 등의 이점이 있습니다.

"B2B에서도 브랜드가 중요하다?"

B2B 고객사의 고객이 최종소비자 개인일 때 자사의 부품이나 소재가 완제품을 구성하고 있다면, 소재 브랜드를 최종소비자에게 Pull 마케팅을 함으로써, B2B의 고객사에게 영향을 미칠 수 있습니다.

Intel Inside 광고 캠페인을 통해서 인텔은 인텔 제품 마이크로 프로세서 칩의 기능을 전달하기보다는 'Intel'이라는 로고를 확인하고 구매하라는 메시지를 고객사의 고객인 최종소비자에게 지속적으로 전달했습니다.
결과적으로, 'Intel' 브랜드명과 로고만 보고도 구매결정을 내릴 수 있는 기준을 최종소비자에게 제공한 것입니다.

B2B에서도 브랜드가 중요하다
고객사에게 Push 마케팅도 병행하면서!

최종고객을 향한 Pull Promotion의 Intel Inside 광고 캠페인 이면에는 B2B 측면에서의 Push Promotion이 있었습니다.

대형 PC 메이커 고객사에게 Intel의 CPU가 장착되어 있음을 광고하도록 하고, 이에 동참하는 기업에게 광고비를 지원하였을 뿐 아니라, 인텔 제품 구입 시 6% 리베이트 판촉도 함께 진행했습니다.

B2B와 B2C에 함께
적용되는 브랜드 자산(브랜드 파워)

• 브랜드 = 인지도 + 지각된 품질 + 이미지 연상(image association)

• 브랜드가 고객에게 주는 이점

　정보 효율성 증가, 위험 감소 및 구매 확신,

　부가가치와 이미지 편익 창출, 명분 · 심볼 제공

• 브랜드가 기업에게 주는 이점

　충성도 제고, 수익성 향상, 브랜드 확장,

　시가총액 자산가치 향상, 경쟁우위 확보,

　인재 확보

Summary for B2B Marketing

1. 고객 (구매센터) 분석과 고객과의 밀착영업
   - 새로운 사업 기회의 발견
   - 신뢰구축이 선행되어야 한다.

2. B2B 고객기업의 가치향상을 위해 함께 노력
   ⋯▶ Joint Development

3. B2B 브랜드 마케팅이 항상 필요한 것은 아니다.
   - 그러나 고객의 고객 또는 그 고객의 최종고객까지 생각할 필요가 있다면 B2B에서도 브랜드 마케팅은 충분히 활용 가치가 있다.

최신 마케팅 용어사전

MOT 마케팅

———————— MOT marketing

투우사가 소의 급소를 찌르는 순간을 의미하는 스페인 투우 용어 '모멘트 드 라 베르다드(Moment De La Verdad)'의 영문인 모멘트 오브 트루스(Moment of Truth)의 머리글자를 따서 만든 용어가 MOT다. 말 그대로 '진실의 순간' 또는 '결정적 순간'이라는 의미하는데, 소비자와 접촉하는 짧은 순간들이 브랜드와 기업에 대한 인상을 좌우하는 매우 중요한 순간이라는 인식에 기반을 두고 있다.

오더리 마케팅

———————— orderly marketing

장기적이고 안정적인 무역거래를 위해 수출을 질서 있게 하는 마케팅 기법이다. 특정시장에 일정한 품목을 집중적으로 수출하면 수입국의 해당 산업이 심각한 타격을 입을 수 있으며, 이런 경우 수입국에서는 그 품목에 대해서 세이프가드를 발동하는 등 무역마찰을 일으킬 수도 있으므로 이를 방지하는 데 필요한 마케팅 방식이다.

바이럴 마케팅

————————————— viral marketing

블로그나 카페 등의 커뮤니티를 통해 소비자들에게 자연스럽게 정보를 제공함으로써 기업의 신뢰도를 확장하고 인지도를 상승시키며 나아가 구매 욕구를 자극하는 마케팅 방식을 가리킨다.

버즈 마케팅

————————————— buzz marketing

소비자들이 자발적으로 메시지를 전달하게 하여 상품에 대한 긍정적인 입소문을 내게 하는 마케팅 기법이다. 꿀벌이 윙윙거리는(buzz) 것처럼 소비자들이 상품에 대해 말하는 것을 마케팅으로 삼는 것으로, 입소문 마케팅 또는 구전 마케팅(word of mouth)이라고도 한다.

디마케팅

——————— demarketing

기업이 자사 상품에 대한 고객의 구매를 의도적으로 줄임으로써 적절한 수요를 창출하고, 장기적으로는 수익의 극대화를 꾀하는 마케팅 전략이다. 2보 전진을 위한 1보 후퇴인 셈이다. 세제시장의 경우, 거의 모든 세제 생산업체가 소비자에게 세제를 적게 쓸 것을 부탁하고 있다. 그러나 이는 환경보호에 앞장서고 있다는 이미지를 소비자에게 심어주어 장기적인 경쟁에서 우위를 확보하겠다는 의지를 담고 있다.

마이크로 마케팅

——————— micro marketing

상권 내 소비자들의 통계적 속성과 라이프 스타일에 관한 종합적 자료를 활용하여 지역 소비자의 욕구를 충족시켜 나가는 마케팅 기법이다. 통상 시장 상권을 300~400가구 수준으로 분할하여, 이 상권별로 소비자들의 특성 및 취향 등을 조사한 정확한 분석 자료를 작성하는 데서 시작된다.

프리 마케팅

——————— free marketing

공짜를 좋아하는 인간의 심리를 이용하는 것으로, 서비스와 제품을 무료로 제공하는 마케팅 기법이다. 주로 벤처기업들이 초기에 고객을 끌기 위하여 내놓은 상식을 파괴한 아이디어에서 출발한 기법이다. 덤 마케팅 또는 보너스 마케팅처럼 물건을 구입하면 하나를 더 주는 마케팅에 비하여 보다 적극적인 마케팅 기법이다.

매너지리얼 마케팅

managerial marketing

마케팅의 역할을 사회나 경제와 같은 전체적인 시점에서 파악하는 것이 아니라 기업 경영자의 입장에서 마케팅을 합리적, 효율적으로 추구하고 수행하는 것이다. 따라서 기업의 경영전략, 전략목표의 달성, 이를 위한 마케팅의 구축이 중요시된다. 구체적으로는 제품정책, 유통정책, 커뮤니케이션 활동, 영업활동의 최적믹스 추구 등으로 구성된다.

하이브리드 마케팅

hybrid marketing

두 가지 이상의 요소가 하나로 융합하여 새로운 부가가치를 창출한다는 의미의 '하이브리드(hybrid)'가 적용된 용어다. 업종이 서로 다른 기업과 협력하여 전개하는 공동 마케팅을 가리키는 말이다. 이종(異種) 기업과 협력하여 마케팅을 펼침으로써 브랜드 가치 제고, 판촉 효과, 마케팅 비용절감 효과를 동시에 얻는 마케팅 기법이다.

임페리얼 마케팅

———————— imperial marketing

고가, 고품질을 내세워 소비자를 공략하는 마케팅 전략이다. 경쟁제품보
다 우수한 품질과 서비스, 높은 가격 등 고급 이미지를 내세워 소비자를 공
략하는 기법으로, 제품 선택에 있어 무엇보다 품질을 최우선으로 생각하는
소비자층을 타깃으로 한다.

스프레드 마케팅

———————— spread marketing

신문이나 방송 등에 광고를 내보내지 않고 인터넷과 입소문만을 활용하여
비용을 줄이고 홍보효과는 극대화하는 마케팅 전략이다. 이 전략이 성공하
면 타깃 마케팅과 비용 절감이라는 두 가지 효과를 동시에 거둘 수 있다.

테스트모니얼 마케팅

———————— testimonial marketing

제품 사용자의 체험담을 통해 제품에 대한 신뢰와 친근감을 높이고 일반

소비자의 공감을 이끌어내는 마케팅 기법이다. 테스트모니얼(testimonial)이란 '호감의 표현' 또는 '추천장'이라는 의미를 가지고 있다. 증언 마케팅 또는 증언광고라고도 한다.

소셜 마케팅

societal marketing

기업이 마케팅 정책 수립 시 기업의 이익과 소비자의 욕구충족을 넘어서 대중이익과 사회복지가 균형을 이루도록 하여 장기적으로 기업의 이미지를 높이는 마케팅 기법이다. 개인 소비자의 욕구충족에만 초점을 맞추는 것은 잘못이며 환경오염, 자원부족, 기아, 사회복지 등 장기적인 사회공익 문제에 관심을 가져야 한다는 생각에 기반를 두고 있다.

공익연계 마케팅

cause-related marketing

기업이 특정상품을 판매해 얻은 수익의 일정 부분을 사회문제 해결을 위한 기부금으로 제공하는 마케팅 방식이다. 판매를 통해 발생한 수익의 일부분을 기부하는 방식, 기업과 비영리 단체가 서로 협력해 사회적 문제를 제품이나 홍보물에 삽입해 배부하는 방식, 비영리단체의 명칭과 로고를 기업 이윤의 일정률과 교환하는 방식 등이 있다.

그린 마케팅

green marketing

자연환경과 생태계 보전을 중시하는 시장접근 전략이다. 기존의 상품판매 전략이 단순한 고객의 욕구나 수요충족에만 초점을 맞추는 것과는 달리 공해요인을 제거한 상품을 제조·판매해야 한다는 소비자보호운동에 입각, 인간의 삶의 질을 높이려는 기업활동을 지칭하는 말이다.

컬러 마케팅

color marketing

색채 심리학을 활용해 소비자의 구매 욕구를 자극하는 마케팅 기법이다. 컬러를 제품선택을 증가시키는 중요한 변수를 설정하고 구매력 상승에 기여하도록 유도하는 마케팅 기법이다. 제품 자체의 색깔은 물론, 제품 기획, 광고 등에 두루 활용되고 있다.

바이러스 마케팅

virus marketing

재미있고 신선한 내용의 웹 애니메이션을 만들어 그 속에 기업 광고를 슬쩍 끼워 넣으면, 네티즌들이 SNS나 이메일 등 다양한 매체를 통해 자발적으로 홍보하도록 하는 마케팅 기법이다. 컴퓨터 바이러스처럼 퍼진다고 하여 바이러스 마케팅이란 이름을 붙였다.

다크 투어리즘 마케팅

———————— dark tourism markting

죽음, 잔혹함, 공포, 테러의 장소를 관광명소로 개발하고 마케팅하는 것을 가리킨다. 이런 주제만을 탐구하는 연구소가 영국의 센트럴 랭커셔 대학교에 설립되어 화제가 된 바 있다. 랭커셔 지역은 400여 년 전에 영국에서 소위 '마녀사냥'이 성행했던 지역이다. 죄 없는 사람들을 보통 사람들과 다르다는 이유만으로 마녀로 몰아서 처형했던 곳으로, 지금은 마녀와 관련된 각종 기념품과 이야깃거리를 개발해서 관광객들을 끌어들이고 있다.

창조관광 마케팅

———————— tourism venture

예전에는 그냥 지나쳤던 것들이 요즘에는 관광 상품으로 개발되고 있다. 템플스테이, 한옥마을 체험, 농장 체험 등과 같이 신선하고 기발한 아이디어를 접목해 새로운 가치와 시너지를 창출하는 형태를 관광벤처 또는 창조관광이라고 한다.

데카르트 마케팅

—————————— techart marketing

유명 예술가 또는 디자이너의 작품을 제품 디자인에 적용하여 소비자의 감성에 호소하고 브랜드의 이미지와 품격을 높이는 마케팅 전략이다. 뛰어난 기술력은 물론이고 예술적인 디자인을 갖춘 제품을 통해 소비자의 마음을 사로잡는 전략이다. 데카르트(Techart)는 '테크(Tech)'와 '아트(Art)'의 합성어로, 정확한 발음은 '테카르트'지만 프랑스의 철학자이자 수학자인 데카르트(Descartes)와 발음이 비슷해 데카르트라고 부르게 되었다.

릴레이션십 마케팅

—————————— relationship marketing

기업 외부의 다양한 요소들과 협조관계를 구축, 판매를 신장시키고 이익을 증진시키는 마케팅 기법을 가리킨다. 전통적인 마케팅 기법의 한계를 극복하고 변화하는 시장 환경의 위협을 판매신장, 이익증진의 기회로 바꾸는 데 목적이 있다.

플래그십 마케팅

—————————— flagship marketing

다국적기업이나 대기업 등 초일류 이미지를 가지고 있는 회사와 정면대결

을 피하기 위해 후발 군소업체들이 주로 사용하는 마케팅 전략으로, 시장

에서 성공을 거둔 특정 상품을 중심으로 판촉활동을 하는 마케팅 기법이

다. 강력한 기업 인지도를 바탕으로 통합된 이미지를 앞세워 마케팅을 하

는 토털브랜드 기법과 반대되는 개념이다.

포지셔닝

—————— positioning

소비자의 마음속에 자사제품이나 기업을 표적시장, 경쟁, 기업 능력과 관련하여 가장 유리한 입지에 자리하도록 노력하는 과정을 가리킨다.

리포지셔닝

—————— repositioning

소비자의 욕구 및 경쟁 환경 변화에 따라 기존 제품이 가지고 있던 포지션을 분석하여 새롭게 조정하는 활동을 가리킨다. 초기에 설정한 포지셔닝은 시간이 지남에 따라 부적합해질 수 있으므로 철저한 분석을 통해 새로운 포지션을 개발하는 전략을 수행해야 한다.

해피콜

——————————————— happy call

특별한 목적이나 권유 없이 인사차 하는 방문이나 고객 서비스의 증진 등
을 통해 판매 활동을 활성화하는 간접 마케팅 방식이다.

립스틱효과

——————————————— lipstick effect

경기불황일 때 저가임에도 소비자를 만족시켜줄 수 있는 상품이 잘 판매되
는 현상을 가리킨다. 저렴한 립스틱만으로도 만족을 느끼며 쇼핑을 알뜰하
게 하는 데서 유래된 말이다. 저가제품 선호추세라고도 한다.

더블업 광고

——————————————— double effect of advertisement

소품을 활용하여 특정 제품을 알리는 광고기법이다. 육안으로는 식별하기
힘들지만 무의식에 잔상을 남기는 잔상효과를 이론적 배경으로 하여 광고
전반에서 널리 이용하고 있다. 그냥 스쳐 지나버리면 그만일 하찮은 물건
도 그 나름대로 광고에 활용하여 좋은 결과를 가져오게 되는 일이 흔히 있
다. '광고 속의 광고'라고도 한다.

20:80 법칙

———————— 20-80 rule

사회 전반에서 나타나는 현상의 80%는 20%의 원인으로 인해 발생한다
는 내용을 가진 경험법칙이다. 이탈리아의 경제학자이자 사회학자인 빌프
레도 파레토(Vilfredo Pareto)가 이탈리아 인구의 20%가 국가 전체 부(富)의
80%를 보유하고 있음을 발견한 것을 토대로 하여 생성되었다.

호손 연구

———————— Hawthorne studies, Hawthorne experiments

1930년을 전후하여 메이요(E. Mayo) 등이 호손 공장의 근로자들을 대상으
로 작업조건과 능률성의 관계를 파악하기 위하여 장기간에 걸쳐 실시한 실
험이다. 호손 실험이라고도 하는데, 이 연구를 통해 작업장의 능률은 작업
조건보다도 인간관계적 심리적 요인이 중요함이 밝혀졌다.

와이 이론

———————— theory Y

맥그리거(D. McGregor)가 제시한 참여적(민주적) 인간관리 모형이다. 맥그리
거는 매슬로(A. Maslow)의 욕구단계이론을 더욱 발전시켜 인간 모형을 크
게 X형과 Y형의 두 유형으로 분류하고 그 각각에 따른 인간 관리의 전략
을 제시했는데, 그 중 인간의 성장적 측면을 강조한 관리체제를 뒷받침해

주는 인간관을 Y이론이라 한다.

엑스 이론

theory X

맥그리거(D. M. McGregor)가 제시한 권위주의적 인간관리 모형으로, Y이론
과 상반되는 개념이다. 전통적 관리 체제를 정당화시켜 주는 인간관 이론
을 X이론이라 한다.

제트 이론

Z theory

근로자와 경영자의 상관관계에 대한 미국의 경영학자 윌리엄 오치(William
Ouchi)의 이론으로 미국식 경영기법과 일본식 경영기법이 혼합된 것이다.
이 이론에서는 직무 교대, 직무능력 확대, 전문화를 지양하는 종합화, 지속
적인 직원교육의 필요성 등이 중시된다.

공정성이론

equity theory

노력과 직무만족은 업무상황의 지각된 공정성에 의해서 결정된다고 보는
애덤스(J.Stacy.Adams)의 이론이다. 조직 내의 개인과 조직 간의 교환관계에

있어서 공정성(公正性)을 지각하게 되면 이를 감소시키기 위한 방향으로 모티베이션이 작용하여 균형을 찾는다는 것이 핵심 이론이다.

대체차트

———————— replacement charts

인력교체 및 보충을 위하여 기술직, 전문직, 관리직 등의 현직 근로자들에 관한 성명, 직위, 연력, 근속기간 및 관련 인사 정보 등을 담고 있는 차트를 가리킨다.

스킬스 인벤토리

———————— skills inventory

종업원 개개인의 지식, 능력 등을 조사하고 그 내용을 정확히 파악하여, 기업 내 인적 자원을 가장 적절하게 배치, 활용하는 인사 관리 방법을 말한다.

세분시장

———————— segment

소비자들은 각각 다른 욕구, 특징, 행동을 나타낸다. 이러한 소비자들의 특성에 따라 분류하는 과정을 시장 세분화라 한다. 모든 시장은 여러 세분시장으로 구성되어 있다. 세분시장(market segment)이란 주어진 마케팅 자극에 대해서 유사한 반응을 보이는 소비자들로 구성되어 있는 시장을 의미한다.

마케팅믹스

——————————— marketing mix

효과적인 목표 달성을 위하여 마케팅 활동에서 사용되는 여러 가지 방법을
해당기업의 환경과 상황에 맞게, 마케팅 효과가 최대화되도록 배합하는 마
케팅 전략을 말한다. 마케팅 믹스의 요소는 상품이나 서비스(product), 판매
장소(place), 가격(price), 판매촉진의 형태(promotion) 등으로, 흔히 4Ps라고
한다.

기능중간상

——————————— functional middlemen

매매를 위한 상담은 하나 상품소유권을 취득하지 않는 중간상으로 상인중
간상보다 한정된 마케팅 기능을 수행한다. 보수는 수수료 또는 과금의 형
식으로 받는 경우가 많다.

스토어 브랜드

——————————— store brand

소매업자가 독자적으로 사용하고 있는 브랜드를 말한다. 소매업자가 직접

기획하여 생산한 오리지널 브랜드와 하청을 주어 납품받은 브랜드를 스토어 브랜드라고 한다.

제네릭 브랜드

—————————— generic brand

포장의 간소화나 메이커의 유휴설비 활용 등을 통해 철저한 저가격을 실현시킨 상품을 가리킨다. NB(내셔널 브랜드), SB(스토어 브랜드)라는 말에 연유해서 GB라는 약칭으로 일컫는다. 제네릭은 총칭적인, 일반적인, (상품에 있어) 특정 회사 상표가 붙어 있지 않은 등의 뜻으로 노브랜드와 같은 의미로 사용된다.

FOB

—————————— Free On Board

무역 상거래 조건의 하나이며 CIF(Cost Insurance Freight, 운임보험료 포함가격)와 더불어 가장 많이 사용된다. 매도인이 약속한 화물을 매수인이 지정한 선박에 적재, 본선 상에서 화물의 인도를 마칠 때까지 일체의 비용과 위험을 부담한다. 그 이후에는 매수자의 책임이 된다(CIF에서는 도착항까지 매도자의 책임이다). FOB 가격이란 본선적재가격 또는 수출항 본선인도가격이라고도 하며 무역 상품을 적출항에서 매수자에게 인도할 때의 가격을 말한다.

메시 비즈니스

—————— mesh business

고객이 필요로 하는 제품과 서비스를 기업이 구축한 네트워크를 활용해서 공유하게 하고 이를 통해 수익을 얻는 사업을 말한다. 리사 갠스키(Lisa Gansky)가 자신의 저서 『메시The Mesh』에서 처음으로 정의한 개념이다.

레이어웨이

—————— layaway

할부구매의 일종이다. 호주, 뉴질랜드, 남아프리카 공화국에서는 '레이바이(lay-by)'라고 부르기도 한다. 신용카드로 할부구매와 달리 레이어웨이 방식의 할부판매는 할부금을 일정 기간에 걸쳐서 완납한 뒤에 비로소 제품을 갖게 된다. 레이어웨이라는 말 그대로, 제품의 값을 완전히 지불할 때까지 고객이 예약해 둔 제품을 창고에 따로 보관해 두는 것이다. 그래서 이를 예약구매라고 한다.

큐레이슈머

—————— curasumer

유튜브처럼 소비자가 정보를 직접 생산한다는 뜻에서 프로듀서(producer)와 컨슈머(consumer)를 합쳐서 만든 '프로슈머(prosumer)'란 용어가 있다. 이 프로슈머보다 한 차원 더 진화한 개념이 '큐레이슈머(Curasumer)'다. 전시회를 꾸미고 기획하는 큐레이터처럼 소비자가 자신의 제품을 직접 꾸미거나 활용도를 창조한다는 뜻이다.

레크레이션 브랜치

—————————— recreation branch

고객에게 휴식 공간과 정보 교류 프로그램 등을 제공함으로써 대면 채널의 친밀감을 높여 금융사에 대한 고객의 신뢰와 향상된 브랜드 가치를 확보하는 금융사 지점을 가리킨다.

PERT

—————————— Program Evaluation and Review Technique

공사의 실행계획을 짜는 경우 어떠한 방법으로 어떠한 공정의 진전방법을 쓰면 인원이나 자재의 낭비가 없이 배치할 수 있고 공기를 단축할 수 있는가를 해명하는 공정관리의 기법을 말한다. 복잡다기한 공사계획을 공정마다 풀어서 이것을 그물눈과 같은 관련도에 의해 관계를 맺게 하고, 작업순서나 작업진행 상황을 한눈에 알 수 있게 만든 것이며 공사일정이나 납기를 산출해내는 데 효과적이다.

선택적 기업복지제도

—————————— cafeteria plan

기업들이 제공하는 학자금, 체력단련비, 학원비, 의료비, 휴양시설 이용 등
의 다양한 복리후생제도 가운데 근로자들이 필요한 것을 골라 활용할 수
있도록 하는 것으로 그동안 기업에 의해 일률적으로 제공해온 복리후생 대
신에 근로자에게 복리후생 항목 가운데 선택권을 부여하는 맞춤형 기업복
지제도라고 할 수 있다.

미국의 소수집단 우대정책

—————————— affirmative action

미국에서 인종, 성별 등을 이유로 차별받기 쉬운 이들에게 혜택을 주는 제
도다. 미국에서 인종, 성별, 종교, 장애 등의 이유로 불리한 입지에 있는 사
람들에게 혜택을 줌으로써, 차별을 줄이기 위한 조치다.

ARPU

Average Revenue Per User

게임에서 가입자 1명 당 특정 기간 동안 지불한 평균 금액을 산정한 수치. 부분유료 게임의 수익 지표로 활용된다.

CTR

Click Through Ratio

인터넷상에서 배너 하나가 노출될 때 클릭되는 횟수를 뜻한다. 보통은 '클릭률'이라고 한다. 예컨대 특정배너가 100회 노출됐을 때 3회 클릭된다면 CTR는 3%가 되는데, 일반적으로 1~1.5%가 광고를 할 만한 수치라고 본다.

반송률

웹 사이트 접속자가 웹 사이트에 접속했으나 사이트 내에서 다른 페이지로 접속하거나 정보를 얻지 않고 그냥 나가는 비율을 말한다. 반송률이 높다는 것은 홈 페이지 방문이 제품의 구매 등으로 이어질 가능성이 적다는 의미가 된다. 반송률은 이메일에도 적용되는데, 전송된 이메일 전체에 대해 반송되어 온 이메일의 비율을 말한다.

키치

1860년대에서 1870년대 사이에 뮌헨의 화가와 화상들이 사용한 속어로, 하찮은 예술품을 지칭한다. 1910년대에 이르면서 느슨하고 널리 유통되는 호칭으로 국제적인 용어가 되었다.

CPC

인터넷 검색사이트에 특정 키워드를 검색한 사람들을 대상으로 광고주의 사이트가 노출되도록 하는 키워드 광고의 일종이다. CPC는 'cost per click'의 약자로 게임업체가 주로 사용하는 마케팅 방법 중 하나다.

CPM

———————— Cost Per Mille

광고비용을 측정하는 모델의 한 종류로 1,000회 광고를 노출시키는 데 사용된 비용을 의미한다. 광고 단가/광고 노출 횟수×1,000으로 계산한다. 원래 신문, 잡지, 라디오, TV와 같은 전통적인 4대 매체에 노출되는 경우 1,000회 노출을 기준으로 비용을 책정하는 기준을 뜻한다.

CPA

———————— Cost Per Action

광고지급 방식의 한 종류다. 온라인 환경에서 소비자가 특정 행동을 취할 때마다 지급해야 하는 광고비용을 의미한다.

CPI

———————— Cost Per Install

광고상품에 해당하는 애플리케이션이 설치된 기기 수에 따라 광고비용을 지불하는 방식이다. 다운로드로 인한 사용자 유입은 물론, 인기순위 상승까지 노려볼 수 있기 때문에 모바일 게임에서 주로 사용된다.

PV

——————————— **Page View**

사용자가 사이트 내 웹페이지를 열람한 횟수를 의미한다. 사이트의 사용자
이용행태를 분석하거나 노출도가 중요한 온라인 광고의 단가를 결정하는
기준으로도 쓰인다.

UV

——————————— **Unique Visitor**

순방문자수, 해당 사이트에 들어온 총 네티즌 수를 의미한다. 즉, 측정기간
중 1회 이상 해당 사이트에 방문한 중복되지 않은 방문자를 말한다. 어떤
사람이 특정 기간에 특정 사이트에 1회 방문하거나 100회를 방문해도 한
사람으로 카운트한다.

DAU

——————————— **Daily Active Users**

하루 동안 해당 서비스를 이용한 순수한 이용자 수를 나타내는 지표이다.

MAU

—————————— **Monthly Active Users**

한 달 동안 해당 서비스를 이용한 순수한 이용자 수를 나타내는 지표이다.

MR

—————————— **Mixed Reality**

현실과 가상을 결합하여 실물과 가상 객체들이 공존하는 새로운 환경을 만들고 사용자가 해당 환경과 실시간으로 상호작용을 함으로써 다양한 디지털 정보들을 보다 실감나게 체험할 수 있도록 하는 기술이다. 완전한 가상세계 구축이 현실적으로 어렵기 때문에 현실세계를 기반으로 가상세계를 접목하려는 시도로, 그 중 현실 상황을 중심으로 가상정보를 부가하는 증강현실(augmented reality)이 있다.

참고문헌

• **본문**

김상용『마케팅 키워드 101』토트출판사, 2013. 3.

김상용『경영학 키워드 101』토트출판사, 2016. 3.

임영균, 안광호, 김상용『고객지향적 유통관리』(제3판), 학현사, 2015. 2.

전동균, 오은주, 신용필, 오현주『B2B마케팅원리』(제2판), 학현사, 2011. 2.

• **부록**

두산백과 · 한경경제용어사전 · 무역용어사전 · 시사경제용어사전

하루만에 배우는 경영학
마케팅 입문편

초판 1쇄 발행 2017년 9월 1일   초판 2쇄 발행 2018년 2월 28일
지은이 김상용   펴낸이 김영범

펴낸곳 (주)북새통 · 토트출판사
주소 서울시 마포구 방울내로7길 45 (우)03955 대표전화 02-338-0117 팩스 02-338-7160
출판등록 2009년 3월 19일 제 315-2009-000018호 이메일 thothbook@naver.com

© 김상용, 2017

ISBN 979-11-87444-16-9 13320

잘못된 책은 구입한 서점에서 교환해 드립니다.